Frauke Scheunemann • Antje Szillat
Bulli & Lina
Ein Pony lernt reiten

Bereits erschienen:

Band 1: Bulli & Lina – Ein Pony verliebt sich
Band 2: Bulli & Lina – Ein Pony lernt reiten

Emilia S

Frauke Scheunemann · Antje Szillat

Ein Pony lernt reiten

Mit Illustrationen von Susanne Göhlich

Band 2

ISBN 978-3-7855-8453-8
1. Auflage 2018
© 2018 Loewe Verlag GmbH, Bindlach
Dieses Werk wurde vermittelt durch die Keil & Keil Literatur-Agentur GbR,
Hamburg, und die Literarische Agentur Thomas Schlück GmbH, Garbsen.
Umschlag- und Innenillustrationen: Susanne Göhlich
Umschlaggestaltung: Ramona Karl
Printed in Germany

www.bulliundlina.de
www.loewe-verlag.de

 Inhalt

Im hohen Bogen durch die Luft 7
Vor Füchsen sei gewarnt! Jedenfalls ein bisschen 19
Eifersucht und Zickenalarm 26
Wo die Liebe hinfällt 36
Hau den Lucas 47
Eine Oberhammer-Megasuper-Idee! 60
Dream a little Dream 66
Ohne Fleiß kein Preis 76
Freundlich oder knalldoof, das ist hier die Frage! 84
Konkurrenz belebt das Geschäft 94
Gekonnt ist gekonnt! 99
Alles nicht so einfach 109
Wer hat an der Uhr gedreht? 117
Kleine und große Katastrophen 128
Falsche Verdächtigungen und
richtige Gemeinheiten 138
Sprudellimo und Äpfel 151
Ende gut, Turnier noch besser 162

Im hohen Bogen durch die Luft

Puuuh, was für eine Hitze!

Wahrscheinlich gibt es heute noch ein mächtiges Gewitter, so drückend wie die Luft ist. Mein feuchtes Shirt klebt an mir und fühlt sich eklig an, und das, obwohl Bulli und ich gerade erst losgeritten sind. Das schwarze Fell an seinem Hals kräuselt sich schon vor lauter Schweiß.

„War wohl nicht die allerbeste Idee von mir, bei dieser Hitze auszureiten, was, Bulli?!"

Bulli zuckt mit der linken Schulter. Ich bilde mir das bestimmt nicht ein, es ist wirklich so! Okay, okay, kann schon sein, dass er nur eine der lästigen Fliegen verscheuchen will, die sich immer wieder auf uns stürzen

und die echt nerven. Aber es kann auch sein, dass er sehr wohl versteht, was ich gerade gemeint habe, und mir sein Schulterzucken sagen soll, dass er es völlig okay findet, dass wir uns trotz des warmen Wetters auf den Weg gemacht haben.

Bulli mag es nämlich total gern, wenn wir zusammen ausreiten. Daran gibt es für mich nichts falsch zu verstehen.

Also ich bin jetzt keine Pferdeflüsterin oder so etwas Ähnliches. Zugegeben, ich habe eigentlich überhaupt keine Ahnung von Pferden. Was daran liegt, dass ich in meinem ganzen Leben nicht ein einziges Pferdebuch gelesen habe, und Pferdemagazine, die kaufe ich mir auch nicht.

Eigentlich mag ich Pferde nicht einmal. Und vor Bulli, auf dessen Rücken ich jetzt durch die prächtig blühende und herrlich duftende Heidelandschaft reite, habe ich bis vor Kurzem sogar richtig schlimme Angst gehabt. Nicht geflunkert!

In Hamburg, wo ich eigentlich wohne, gibt es halt keine Ponys. Zumindest nicht in unserem Viertel. Vielleicht etwas außerhalb. Schon möglich. Aber weil ich mich bisher nicht für Ponys interessiert habe, kann ich nicht mit Gewissheit sagen, ob und wo es in Hamburg Ponys gibt.

Das mit Bulli und mir war auch nicht geplant. Es ist echt verrückt, aber der schwarze Zottel hat sich tatsächlich in mich verliebt. Auf den ersten Blick. Zunächst war die Liebe recht einseitig, denn ich hatte ja Muffensausen vor ihm. Doch Bulli wollte einfach nicht aufgeben und ist mir unentwegt hinterhergetrottet. Ich fand's total lästig. Und bekam nur noch mehr Angst.

Aber dann hat er mich aus einer echt gefährlichen Situation gerettet und seitdem sind wir quasi unzertrennlich! Genauso wie Onkel Hapes wertvollen Koi-Karpfen.

Ich kann es morgens kaum erwarten, nach dem Frühstück rüber zu ihm in den Stall zu laufen, den er sich mit dem lustigen Hannoveraner-Wallach Wally Wallenstein teilt. Lustig sind an Wally vor 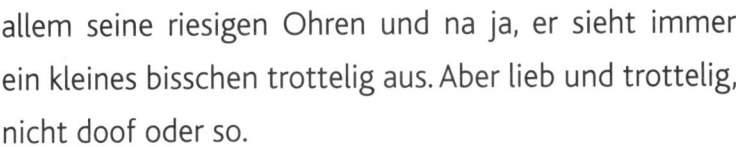 allem seine riesigen Ohren und na ja, er sieht immer ein kleines bisschen trottelig aus. Aber lieb und trottelig, nicht doof oder so.

Bulli und ich sind auf jeden Fall richtig gute Freunde geworden und ich genieße meine Ferien hier bei Onkel Hape so, so sehr und das wiederum hätte ich nie für möglich gehalten, weil ich doch eigentlich hier überhaupt nicht herkommen wollte.

Tja, wie man seine Meinung doch ändern kann.

Inzwischen haben Bulli und ich den Wald erreicht.

„Endlich Schatten", freue ich mich und atme erleichtert auf. Hier ist es wirklich fast schon angenehm kühl im Vergleich zu der brütenden Hitze, der wir eben noch ausgesetzt waren. Allerdings stürzen sich jetzt die Bremsen auf uns und das findet Bulli kein bisschen zum Wiehern.

Er schüttelt wild seinen hübschen Kopf und schlägt unentwegt mit dem Schweif.

„Verflixte Bremsen", fluche ich. „Wozu sind die eigentlich gut, Bulli, kannst du mir das vielleicht mal sagen? Zum Blut aussaugen und um alle möglichen Lebewesen total irre zu machen, oder was?!"

Bulli schnaubt und beginnt noch heftiger mit dem Kopf zu schlagen.

„Na, Lina, unterhältst du dich mal wieder mit Bulli?"

Lucas ist plötzlich wie aus dem Nichts neben mir aufgetaucht. Er reitet auf seiner Fuchsstute Antara, die im Gegensatz zu Bulli einen richtigen Sattel und eine Trense trägt. Bulli braucht so etwas nicht. Schließlich ist er das schlauste Pony der Welt und muss sich von mir nicht am Zügel durch die Heide lenken lassen. Zumal er sich hier eh viel besser auskennt als ich.

„Was dagegen?", frage ich ihn herausfordernd. „Wer sein Pony liebt, der unterhält sich auch mit ihm. Außerdem versteht Bulli jedes Wort."

Lucas grinst schief. „Klar doch, Lina, und dass Bulli statt Trense nur sein Halfter trägt und du ohne Sattel ausreitest, das hat er dir auch zugeflüstert. So nach dem Motto: Hey, Sattel und Trense brauchen wir zwei echt nicht. Ohne plumpst es sich nämlich viel leichter vom Pony."

Ich zeige ihm einen Vogel, woraufhin Lucas anfängt zu lachen.

Eigentlich ist Lucas ziemlich okay. Ich kenne ihn zwar erst seit Kurzem, aber dennoch sind wir so was wie Freunde. Okay, Lucas liebt es, mich ständig zu ärgern und mich wegen Bulli aufzuziehen. Was eigentlich eine totale Frechheit ist, denn schließlich ist er derjenige, der mir klargemacht hat, dass Bulli sich in mich verliebt hat und mich nicht auffressen will, wovon ich zu Anfang fest überzeugt war. Okay, im Gegensatz zu mir hat Lucas richtig viel Ahnung von Ponys, denn er reitet schon fast sein ganzes Leben lang. Das liegt daran, dass seine Eltern, Herr und Frau Schulze-Naumann, einen Reitstall besitzen, der direkt neben dem Hof meines Onkels liegt. Und Onkel Hapes Hof hüten Mama und ich während seiner halben Weltreise.

Bulli gehört also eigentlich Lucas. Oder wenn man es ganz genau nimmt, seiner großen Schwester Pia. Die ist inzwischen jedoch viel zu groß für Bulli und außerdem studiert sie irgendwo ganz weit weg. Deshalb ist Bulli wohl ziemlich traurig, denn mit seiner alten Reiterin hat er an unzähligen Turnieren teilgenommen und es sogar bis zu den Deutschen Meisterschaften geschafft. Oh ja, mein Freund Bulli ist nicht irgendein Pony, er ist ein echter und wahrhaftiger Champion. Aber auch wenn er ein ganz normales Pony wäre, würde ich ihn dennoch heiß und innig lieben.

„Ich will dir jetzt wirklich keine ewig langen Vorträge halten, Lina, aber nur am Halfter und ohne Sattel auszureiten, das ist echt gefährlich", meint Lucas.

Im Gegensatz zu mir trägt er seine geliebte schwarze Reithose, ein dunkelblaues Poloshirt, lange schwarze Le-

derstiefel und natürlich einen Reithelm. Allein vom Angucken bekomme ich schon wieder Schweißausbrüche.

„Wieso?", frage ich mit unschuldiger Miene. „Ich hab doch einen Helm auf."

Lucas schüttelt den Kopf. „Das ist ja wohl auch das Mindeste. Aber was machst du, wenn Bulli scheut und losrennt? Du kannst ihn ohne Trense kaum davon abhalten und ohne Sattel wirst du in hohem Bogen von seinem Rücken segeln."

„Macht er aber nicht!", antworte ich und da bin ich mir sicher. „Erstens hat Bulli vor nichts Angst und scheut deshalb auch nicht und außerdem würde er niemals einfach so losrennen, weil er ja schließlich nicht möchte, dass ich im hohen Bogen von ihm runtersegele."

Lucas bleibt trotz meiner absolut logischen Erklärung skeptisch. „Wenn du es sagst, Lina ..."

Ich nicke wie verrückt, auch, um eine nervige Fliege zu verjagen. „... dann ist es auch so", beende ich den Satz für ihn.

„Hast du was dagegen, wenn wir uns euch anschließen?", will Lucas jetzt von mir wissen.

„Nö, kein bisschen."

Erst überlege ich, ob ich Bulli noch schnell fragen soll, ob es für ihn auch okay ist. Aber ich lasse es dann doch lieber bleiben. Lucas würde sich bestimmt wieder über mich lustig machen. Dabei bin ich mir ganz sicher: Bulli versteht jedes Wort und auf seine ganz eigene Art und Weise unterhält er sich auch mit mir.

„Antara reagiert immer richtig panisch auf diese hinterhältigen Bremsen", sagt Lucas. Er hat wirklich große Mühe, seine Fuchsstute am Davonstürmen zu hindern. „Ich glaube, es ist besser, wenn wir wieder aus dem Wald herausreiten."

Ich finde den Vorschlag echt gut, denn die Bremsen sind so was von aggressiv, dass es eh keinen Spaß macht, hier entlangzureiten.

„Lass uns traben", bittet Lucas. „Im Schritt explodiert mir Antara jeden Moment."

„Okay!", rufe ich.

Wir traben an und das ist wie immer total lustig. Ich hopple auf Bullis Rücken hoch und runter. Dabei gerate ich einige Male ganz schön in Schieflage, doch Bulli hilft mir sofort beim Ausbalancieren. Er ist echt mit Abstand das beste Pony der Welt.

Die Bremsen werden zwar weniger, doch diejenigen, die uns noch immer verfolgen, gehören anscheinend zu einem ganz besonders hartnäckigen und blutrünstigen Clan.

Antara beginnt heftig mit dem Kopf zu schlagen und reißt Lucas dabei die Zügel immer wieder aus den Händen. Sein Gesicht ist jetzt richtig angespannt, nach Spaß am Reiten sieht das wirklich nicht mehr aus.

„Ich kann sie kaum noch halten", keucht Lucas, als hinter der nächsten Böschung endlich ein schmaler Weg auftaucht, der direkt aus dem Forst hinausführt.

„Zum Glück", schnaufe ich erleichtert. So wie Antara sich aufführt, bekomme ich langsam richtig Angst um Lucas.

Da passiert es. Irgendein Vogel fliegt krächzend aus

dem Dickicht. Das ist zu viel für Antaras eh schon angespannte Nerven. Sie macht einen gewaltigen Satz nach vorne und versucht loszurennen. Doch Lucas zerrt mit all seiner Kraft an den Zügeln und kann sie im letzten Moment davon abhalten.

„Puh. Lass uns umkehren und zum Stall zurückreiten", meint Lucas. Er hat den Satz gerade zu Ende gebracht, da beginnt Antara zu bocken. Erst geht sie nur mit dem Hinterteil ein paarmal leicht hoch, was Lucas noch ganz gut aussitzen kann. Doch dann schmeißt sie sich ruckartig zur Seite und macht dabei die wildesten Buckler. Be-

vor Lucas auch nur den Hauch einer Chance hat, segelt er von Antaras Rücken und landet ziemlich unsanft auf dem Waldboden direkt neben Bulli und mir.

Zunächst bleibt Antara wie erstarrt stehen. Nur am nervösen Spiel ihrer Ohren erkennt man, dass sie unter Strom steht. Als Lucas sich jedoch wieder aufrichtet, den Staub von seiner Hose klopft und nach ihren Zügeln greifen will, macht sie einen Satz zur Seite und galoppiert schließlich wild buckelnd davon.

„So ein Mist aber auch!", flucht Lucas.

Dies ist gewiss nicht der richtige Moment und ich möchte bestimmt auch nicht angeben oder so, aber wer hat bitte schön gerade wem prophezeit, dass er jeden Moment von seinem Pony plumpsen wird?!

Vor Füchsen sei gewarnt! Jedenfalls ein bisschen ...

Mann, Mann, Mann – diese Antara ist aber auch eine Zicke, wie sie im Buche steht. Also, nicht, dass ich als Pony besonders viel von Büchern verstehen würde. Aber das sagt Oma Gertrud häufiger mal, wenn sie verdeutlichen will, dass etwas genau so ist, wie man es sich immer vorstellt. Oder jemand. Und so wie Antara stelle ich persönlich mir eben eine echte Zicke vor: schön, aber schwierig. Ganz ehrlich – ich stehe nun mal nicht auf schwierige Frauen. Hab ich noch nie, werd ich auch nie. Anspruchsvoll dürfen sie schon sein. So wie meine Lina. Aber nicht sinnlos schwierig. So wie Antara. Haut die so mir nichts, dir nichts, einfach ab und lässt ihren armen

Reiter hier stehen. Was Lucas an der Stute findet, wird mir ein ewiges Rätsel bleiben. Und dann ist sie ja auch noch ein Fuchs. Ganz schwierige Farbe. Mit den Kollegen hatte ich bisher nur Ärger, ausnahmslos. Arrogant sind die und unfreundlich, halten sich immer für etwas Besseres – was sie natürlich nicht sind! Mein Boxenkollege Wally würde jetzt natürlich wieder sagen, dass ich mich anstelle und ein gutes Pferd gar keine Farbe hat. Ich sehe es aber anders. Ich mag nun mal keine Füchse!

Lucas seufzt tief und schüttelt den Kopf.

„Diese Bremsen haben Antara völlig wild gemacht. Dann noch der blöde Vogel dazu – die Arme!"

Die Arme?! Nach so einer Nummer hat Lucas noch Mitleid mit seinem Pferd? Heiliger Hafersack, der ist einfach zu gut für diese Welt! Ich schnaube verständnislos und Lina klopft mir den Hals.

„Bulli, wie gut, dass ich auf dir reite und nicht auf der wilden Antara. Auf dich kann ich mich einfach tausendprozentig verlassen!"

Wühaha! Da hat mein Mädchen völlig recht – ich würde ihr niemals auch nur ein Haar krümmen! Ich bin so glücklich, dass ich Lina endlich gefunden habe, da komme ich doch nicht auf blöde Ideen und werfe sie ab.

Früher hingegen fand ich Kinder total doof. Na gut, eigentlich war das noch bis vor Kurzem so. Ich habe nichts unversucht gelassen, um mich bei den Kindern auf dem Reiterhof richtig unbeliebt zu machen. Inklusive Zwicken und Buckeln. Die Botschaft kam recht schnell an. Ich blieb vom Ponyreiten verschont und durfte fortan mein Rentnerdasein genießen.

Das gelang mir allerdings auch nicht so recht. War schon ziemlich langweilig, den ganzen Tag mit dem geschwätzigen Wally abzuhängen.

Aber, oh Wunder: Als zu Ferienbeginn Lina mit ihrer Mutter hier ankam, war es bei mir Liebe auf den ersten Blick. Ich wusste sofort, dass sie meine Reiterin werden müsste. Und nachdem sie sich unverständlicherweise zunächst geziert hatte, sind wir jetzt unzertrennlich.

„Tja, es scheint, als sei Bulli für dich eine Lebensversicherung", lacht Lucas. „Ich armer Kerl muss wohl leider zu Fuß nach Hause laufen. Und da wartet schon ein Haufen Arbeit auf mich." Er seufzt wieder.

„Was denn?", will Lina wissen.

„Am nächsten Wochenende findet doch unser Hofturnier statt und wir bekommen viele Gäste. Mama dreht deshalb schon total am Rad und will im Gutshaus alles besonders ordentlich haben. Und Papa braucht Hilfe, um Dressurviereck und Springplatz so richtig auf Vordermann zu bringen."

Lina grinst und legt den Kopf schief.

„Mit anderen Worten: Schluss mit lustig."

„Genau so is' es. Das Turnier ist immer toll, aber auch echt stressig. Also – positiver Stress, aber trotzdem ..."

Er seufzt schon wieder. Heiliger Hafersack, warum tun Schulze-Naumanns sich das denn an, wenn es so viel Arbeit ist? Man kann auch ohne Turnier sehr glücklich sein, das weiß ich aus eigener Erfahrung. Jahrelang war ich ein sehr erfolgreiches Turnierpony, aber jetzt ist mein Leben mit Lina auch nicht schlecht. Auf alle Fälle viel geruhsamer!

„Hör mal auf zu jammern", lacht Lina, „ich helfe dir natürlich. Zu zweit geht das doch viel schneller. Und wenn das Turnier kommt, sieht alles top aus."

„Danke, das ist ein super Angebot!", freut sich Lucas. „Aber sag mal, willst du nicht auch beim Turnier mitreiten?"

Lina schüttelt den Kopf.

„Nee, nee, das ist nichts für mich. Ich hab's nicht so mit Hochleistungssport."

Lucas lacht.

„Wieso Hochleistungssport? Das ist doch nicht Olympia, sondern unser nettes kleines Hausturnier. Ein bisschen mehr üben müsstest du natürlich trotzdem. Und ich helfe dir dabei und trainiere weiter fleißig mit dir und Bulli. Aber es klappt so gut mit euch beiden, dass ihr meiner Meinung nach schon eine Chance auf eine hübsche Schleife hättet."

Ich schnaube. Chance? Das soll ja wohl ein WITZ sein! Wenn ich, Lord Royal Bullheimer, auf das Viereck trabe, bedeutet das natürlich immer den Sieg! Und wenn ich so recht darüber nachdenke, fände ich so einen kleinen Turnierstart zur Abwechslung gar nicht schlecht.

„Siehst du", Lucas deutet auf mich, „Bulli denkt auch, dass ihr mitmachen solltet."

Lina guckt unschlüssig.

„Hm, ich weiß nicht. Ich bin echt kein Wettkampftyp. Und außerdem: Braucht man da nicht so was wie eine Turnierlizenz, oder so? Oder ein Reitabzeichen? Da kann doch bestimmt nicht jeder mitmachen."

Lucas schüttelt den Kopf.

„Doch, jeder. Es ist nämlich kein offizielles Turnier, sondern, wie ich schon sagte, ein Hausturnier. Da darf sich jeder anmelden, den die Familie Schulze-Naumann einlädt. Und hiermit", er räuspert sich und schlägt einen feierlichen Ton an, „bist du hochoffiziell von einem Mitglied der Familie eingeladen!"

Ich linse neugierig zu Lina hoch. Hat sie das überzeugt? Leider nein. Sie schüttelt den Kopf und grinst.

„Danke, ich meine, nein danke! Ich reite lieber weiter mit Bulli durch den Wald. Aber vorher", sie hebt feierlich die Hand und spreizt drei Finger ab, „vorher helfe ich dir dabei, alles hübsch zu machen. Indianerehrenwort!"

Jetzt muss Lucas doch lachen und wir trotten alle gemeinsam Richtung Hof. Schade, das wird wohl in absehbarer Zeit nichts mit der Fortsetzung meiner Turnierkarriere!

Eifersucht und Zickenalarm

„Karlchen, Karlchen Kotelett, nun beruhige dich endlich mal. Was soll denn das Gekläffe?"

Mein Jack-Russell-Terrier Karlchen ist leider völlig außer Rand und Band. Egal wie sanft ich auch auf ihn einrede, er saust wie angestochen durch mein Atelier und kläfft sich beinahe heiser.

Bulli beäugt ihn inzwischen auch ziemlich misstrauisch. Ich glaube, er mag Karlchen nicht besonders. Na ja, im Moment kann ich ihm das nicht mal verdenken, denn Karlchen ist gerade ECHT NERVIG!

„Ich weiß auch nicht, was er hat", wende ich mich an Bulli. „Irgendetwas scheint ihn total aufzuregen."

Ob er sich vielleicht einen Floh eingefangen hat, der ihn schrecklich zwickt und zwackt? In den letzten Tagen hat er sich ständig im Hühnerstall von Onkel Hapes Nachbarn zur rechten Seite, Otto Bodenstedt und seine Frau Elsa, herumgetrieben. Hühner sollen ja voll mit Flöhen sein, habe ich mal irgendwo gelesen.

„Ihhh." Ich schüttele mich. Flöhe finde ich wirklich total eklig. „Ich glaube, Karlchen hat Flöhe."

Bulli rümpft seine weiche Pferdenase, so wie er es immer macht, wenn er etwas knalldoof findet. Das weiß ich inzwischen.

„Wüüüühhhaaa!", macht er nun auch noch und schüttelt wild seine Mähne.

„Oh nein, Bulli, nicht doch. Du darfst dich nicht bewegen. Das habe ich dir doch erklärt: Schön still stehen bleiben! Erinnerst du dich?!"

Bis Karlchen in mein Atelier gestürmt ist, hat Bulli mir nämlich Modell gestanden. Das macht er inzwischen richtig gut, in den letzten Tagen habe ich unzählige tolle Skizzen von ihm angefertigt und sogar ein größeres Gemälde in Ölfarben. Er ist echt mein liebstes Model geworden. Und dass er sich so gerne bei mir im Atelier aufhält, das eigentlich Onkel Hape gehört, das rechne ich ihm hoch an. Schließlich ist es schon recht außergewöhnlich, dass ein Pony stundenlang stillsteht und sich zeichnen lässt. Mama staunt auch immer, wenn sie Bulli hier sieht, und wundert sich darüber, wie artig und ruhig er sich verhält.

Außer jetzt gerade. Aber daran ist eindeutig Karlchen schuld.

„Schluss damit!", rufe ich und versuche Karlchen zu schnappen, damit ich ihn aus dem Atelier werfen kann. Doch der kleine Kerl ist flinker als ein Wiesel.

Egal wie rasch ich mich nach ihm bücke, er ist jedes Mal schon wieder weg.

Irgendwann ist es mir echt zu doof. Und mein Trommelfell ist auch schon arg strapaziert.

„Komm Bulli, dann gehen wir eben!", erkläre ich, werfe Karlchen einen finsteren Blick zu und marschiere aus dem Atelier. Bulli folgt mir schnaufend. Ich bin mir sicher, dass sein Schnaufen ja bedeuten soll. Er ist ganz und gar meiner Meinung. Wenn Karlchen keine Ruhe gibt und sich auch sonst nicht helfen lassen will, dann hat er eben Pech gehabt. Wir sind dann mal weg!

Draußen renne ich Mama direkt in die Arme, die mal wieder staunt, weil Bulli so selbstverständlich hinter mir hertrottet.

„Er ist wie ein Hund", sagt sie. „Nur ohne Halsband und Leine."

Bulli wiehert. Bestimmt widerspricht er ihr. Ich glaube nicht, dass er gerne mit einem Hund verglichen werden möchte.

„Na ja, auf jeden Fall ist er nicht so nervig wie Karlchen", entgegne ich. „Der kläfft seit einer halben Stunde ohne Unterbrechung und düst dabei wie angestochen durchs Atelier. Bulli und ich haben jetzt erst mal die Flucht ergriffen."

Mama zieht die Augenbrauen hoch. „Schon möglich, dass er eifersüchtig ist", meint sie.

„Eifersüchtig? Hä? Aber warum denn? Und auf wen?"

Mamas Blick wandert zu Bulli, dann wieder zu mir. „Ich finde es ja auch richtig klasse, Lina, dass du deine Angst vor Pferden abgelegt hast und jetzt so vertraut mit Bulli bist. Aber leider hast du in letzter Zeit kaum noch Augen für Karlchen. Ich schätze, er will deine Aufmerksamkeit auf sich lenken und dir sagen: Hallo, Lina, mich gibt es auch noch."

Oh weh! Mir wird heiß und kalt zugleich. Karlchen eifersüchtig auf Bulli? Kann das sein? Ist das möglich?

Mama streichelt mir sanft über den Kopf. „Denk mal darüber nach, Lina." Dann dreht sie sich um und marschiert ins Haus. Im Türrahmen bleibt sie noch mal stehen und wendet sich zu mir um. „Ach übrigens, Frau Schulze-Naumann hat uns heute Abend zum Essen eingeladen. Nett, nicht wahr?!"

Ich nicke wie automatisch und denke: Armer Karlchen, kläfft sich vor lauter Kummer die Seele aus dem kleinen Leib und ich lasse ihn einfach im Atelier zurück.

Wie fies ist das denn bitte schön von mir?! Aber ich werde es wiedergutmachen. Jetzt gleich.

„Du, Bulli, ich hoffe, du verstehst es, wenn ich dich jetzt rüber in deinen Stall bringe und dann einen langen Spaziergang mit Karlchen mache?! Du hast ja gehört, was Mama gesagt hat, und ich schätze, sie hat recht. Karlchen hat bösen Kummer, weil ich jede freie Minute mit dir verbringe."

Bulli schnaubt verständnisvoll – er ist echt der Oberknaller. So weise und wunderbar, ich mag ihn so richtig, richtig gerne. Aber meinen Karlchen eben auch und das muss ich dem kleinen Racker jetzt wohl ganz dringend klarmachen.

Wally begrüßt Bulli und mich mit einem aufgeregten Wiehern, als wir den Stall betreten, in dem die beiden Box an Box stehen. Manchmal habe ich das Gefühl, dass Bulli ein wenig genervt von Wally ist. Ich schätze, wenn er ein Mensch wäre, dann würde er locker in die Kategorie Tratschtante (bzw. -onkel) fallen. Er ist ständig am Wiehern, Schnaufen oder Prusten. Ganz so, als hätte er Bulli stets etwas total Wichtiges mitzuteilen. Klatsch und Tratsch auf dem Reiterhof mit Wally Wallenstein, schießt es mir durch den Kopf und ich muss über meine eigenen Gedanken lachen.

„Bis später, Bulli", sage ich zu ihm, tätschele ihm zum Abschied noch mal zärtlich den schönen schwarzen Hals und eile dann wieder rüber auf Onkel Hapes Hof.

Karlchen sitzt vor der Ateliertür und schaut mich aus traurigen braunen Toffifeeaugen an. Mir versetzt sein Anblick einen schmerzhaften Stich mitten ins Herz.

„Oh Karlchen, mein Süßer!", rufe ich und gehe vor ihm in die Hocke. „Bist du traurig, weil ich nur noch Bulli zeichne und dich schon seit Tagen nicht mehr? Denkst du, ich hab dich nicht mehr lieb? Aber so ist es nicht, echt nicht. Ich habe dich toootal lieb. Ganz doll sogar."

Ich umfasse ihn mit beiden Händen und drücke ihn fest an mich. Sofort fängt er an, mir durchs Gesicht zu schlecken. Das kitzelt, sodass ich lachen muss, und das wiederum findet er anscheinend so lustig, dass er mir in die Nase kneift.

„Hey, du Racker, das tat weh", schimpfe ich ihn halbherzig aus – prompt zwickt er mich aufs Neue.

„Jette-Marie, ihhh, Jette-Marie, schau mal. Das ist ja wohl das Ekligste, was ich je gesehen habe. Die lässt sich von dem Köter das ganze Gesicht abschlecken!"

„Uhhhh, wie ätzend! Widerlich. Gibt schon komische Leute. Ich kann da gar nicht hingucken. Womöglich war der gerade noch mit seiner Schnauze im Misthaufen. Bah, so richtig ekelig."

Reden die über mich? Ich blicke nach links, wo die Stimmen herkommen, und entdecke zwei Mädchen, die in etwa so alt sind wie ich. Sie sehen sich verdammt ähnlich. Das gleiche aalglatte dunkelblonde Haar, das ihnen wie ein Vorhang bis über die Schultern fällt. Die Linke trägt ein rosa Reitshirt, auf dem mit Strass-Steinchen Animo geschrieben steht, die Rechte hat das gleiche Shirt in Hellblau an. Beide stecken in beigen Reithosen und schwarzen Lackstiefeln, die am oberen Schaftrand mit reichlich viel Glitzer und einer goldenen Krone verziert sind. Die Linke hat ein großes goldenes Handy in der Hand, mit dem sie mich – ich glaub es echt nicht – fotografiert.

„Geht's noch?!", blaffe ich sie an. Ich finde beide auf Anhieb knallblöd, denn sie wirken auf mich wie eingebil-

dete Reitzicken. Ätzend, zwei affektierte Schnepfen im Doppelpack, denn dass es sich bei den beiden um Zwillinge handelt, ist nicht zu übersehen.

„Hast du mich etwa gerade fotografiert?"

Die Linke sagt zu der Rechten: „Redet die mit uns?" Dann lacht sie höhnisch auf und hakt sich bei ihrer Zwillingsschwester unter. „Komm, lass uns Lucas suchen. Er freut sich bestimmt total, uns zu sehen."

Lucas? Und der soll sich freuen, die beiden wiederzusehen? Auweia, ich hoffe echt, dass es sich um ein Missverständnis handelt. Wenn Lucas tatsächlich mit diesen blöden Reittanten befreundet ist, dann ... dann kann ich es nicht mehr sein. Never ever!

Wo die Liebe hinfällt …

„Hach!" Stille. Nur ein Seufzen. Dann wieder „Hach!" Und wieder Stille, sehr ungewohnte Stille! Immerhin ist es mein Stallnachbar Wally, der hier vor sich hin seufzt und schweigt. Und das ist für seine Verhältnisse so ungewöhnlich, dass er sich vermutlich sehr plötzlich eine geheimnisvolle Krankheit eingefangen hat. Normalerweise quasselt Wally nämlich wie ein Wasserfall, ununterbrochen und ständig. Dazu wackelt er dann mit seinem großen Kopf und reißt hin und wieder die Augen weit auf, wenn er gerade etwas seiner Meinung nach sehr Spannendes erzählt. Wohlgemerkt, seiner Meinung nach. Ich finde seine Geschichten meistens ziemlich öde. Aber ich will meinen Stallkumpel auch nicht schlechtmachen, denn abgesehen von seinem nervigen Mitteilungsbedürfnis ist er echt lieb – hat mir sogar Tipps gegeben, wie ich mich mit Lina anfreunden könnte!

Wieder ein abgrundtiefer Seufzer. Ich mustere Wally und überlege, was ihm fehlen könnte. Dem großen Schimmel sieht man deutlich an, dass er ein paar Jährchen auf dem Buckel hat – er hat nicht mehr die durchtrainierten Rundungen, die er als erfolgreiches Springpferd sicherlich mal besessen hat, sondern ist auf den ersten Blick fast ein wenig eckig und kantig. Sein Fell ist mittlerweile völlig weiß, selbst zwischen den Nüstern gibt es nur noch wenige graue Stellen. Seine großen braunen Augen liegen etwas tiefer in ihren Höhlen, als sie es bei jüngeren Kollegen tun. Und genau an diesen Augen bleibe ich jetzt hängen – denn Wallys Blick wirkt irgendwie ... abwesend. So, als würde er etwas betrachten, was ganz, gaaaanz weit weg ist.

„Hach!" Nun verdreht Wally auch noch die Augen.

Heiliger Hafersack, das geht mir zu weit! Hier stimmt doch etwas nicht!

„Wally, alles in Ordnung bei dir?", will ich wissen. Keine Reaktion. „Wally?" Nichts. „WALLY!! ALLES IN ORDNUNG BEI DIR?" Jetzt schüttelt sich Wally, ganz so, als müsse er erst mal richtig wach werden, und starrt mich an.

„Äh, was ist denn, Bulli?"

„Na, das frage ich dich! Du stehst hier seit mindestens einer Stunde rum und sagst nicht viel mehr als ‚Hach' und ‚Seufz'. Noch dazu starrst du ins Nirgendwo. Also, raus mit der Sprache: Was ist los? Bist du krank?"

„Wühühüühiiihi!", schnaubt Wally kichernd, „das Leben ist einfach schön, das ist alles!"

„Das Leben ist schön? Und das hast du gerade festgestellt?" Hm, vielleicht hat Wally auch einfach einen Sonnenstich bekommen? Immerhin ist heute ein wunderschöner Sommertag und während ich mit Lina durch den Wald getrabt bin, hat Wally wahrscheinlich die ganze Zeit auf der Koppel rumgegammelt.

„Hach!", seufzt er wieder und starrt in die Ferne.

„Nun sag schon", drängle ich, „was ist los?"

„Naaa gut, wenn du darauf bestehst", antwortet er gedehnt.

„Ja. Tue ich. Schieß los!"

„Bulli, mein Freund." Er macht eine bedeutungsschwere Pause und holt noch einmal Luft.

„Mach's nicht so spannend!"

„Ich habe mich verliebt. In die schönste Frau der Welt."

Donnerwetter! Das ist natürlich eine ganz besondere Krankheit! Und ich kann Wally sehr gut verstehen, habe ich mich doch auch gerade erst in Lina verliebt.

„Wie heißt denn das Mädchen?", erkundige ich mich neugierig.

„Princess Feodora."

„Oh, eine Prinzessin?"

„Na ja, ich glaube, die heißt nur so."

„Hm, dann ist das aber ein ungewöhnlicher Name für ein Kind."

„Wieso Kind? Ich rede von einer Stute!"

Eine Stute? Wally hat sich in ein anderes Pferd verliebt? Das sind ja Neuigkeiten! Interessiert hake ich nach.

„Eine Stute? Aber wo kommt die denn auf einmal

her? Ich meine, ich kenne nun wirklich alle Pferde und Ponys hier auf dem Hof und der Name Princess Feodora ist mir noch nie begegnet. Geschweige denn eine Stute, die so schön ist, dass man sich Hals über Kopf in sie verlieben könnte."

Wally macht eine rasche Bewegung mit seinem großen Holsteiner-Kopf und deutet in Richtung Stallgasse des Hauptgebäudes.

„Da drüben ist sie gerade eingestallt worden. Während du mit Lina unterwegs warst. Eine wunderschöne, edle Fuchsstute. Ist mit den beiden neuen Ferienkindern gekommen."

Auweia! Mit den beiden Zicken, die Lina eben so schwach von der Seite angemacht haben? Und dann auch noch ein Fuchs! Na, das kann ja was werden! Erwähnte ich schon, dass ich Füchse nicht mag? Ich bin mir sicher, diese Liebe wird für Wally nicht glücklich enden. Diesen Gedanken behalte ich allerdings für mich, schließlich will ich meinem alten Kumpel nicht die gute Laune verderben. Und vielleicht ist diese Feodora auch die berühmte Ausnahme von der Regel. Ich trabe zum Zaun des Paddocks und starre Richtung Hauptgebäude.

Vielleicht lässt sich die schönste Fuchsstute der Welt mal blicken und ich kann mir mein eigenes Urteil bilden? Nein. Leider Fehlanzeige. Das einzige Lebewesen, das ich sehe, ist Lucas, der gerade einen Tisch durch die große Gutshoftür wuchtet und ihn dann die Treppe zur Auffahrt runterschleppt. Was ist denn da los?

Jetzt ist er auf dem Rasen vor dem Gutshaus angekommen, stellt den Tisch genau in die Mitte und verschwindet wieder Richtung Gutshaus. Kurz darauf kehrt er mit ein paar Stühlen zurück, die er um den Tisch herumstellt.

Sehr seltsam! Seit wann stellen denn Schulze-Naumanns ihre Möbel in den Garten? Nach meiner Kenntnis von menschlichen Wohnformen sind Möbel doch eher für drinnen gemacht. Ich lege den Kopf schief und betrachte den ganzen Aufbau argwöhnisch. Offenbar bemerkt Lucas meinen Blick, denn jetzt kommt er vom Rasen zum Paddock herüber.

„Da wunderst du dich, was?" Er langt über den Zaun und streichelt mir über die Blesse. „Meine Eltern wollen heute Abend grillen. Sie haben Lina und ihre Mutter und die Plinke-Mädels eingeladen. Den hinteren Garten hat Friedel heute früh vertikutiert, da kann man momentan nicht sitzen. Also findet die ganze Veranstaltung auf der Wiese vorm Haus statt."

Wühhahä? Vertikuwas? Wer Friedel ist, weiß ich ja. Das ist ein netter älterer Herr, der früher als Knecht auf dem Hof gearbeitet hat und nun noch ab und zu Herrn Schulze-Naumann zur Hand geht. Aber das andere Wort habe ich noch nie gehört. Hoffentlich nix Schlimmes! Klang ein bisschen nach einer ansteckenden Krankheit. Aber wie kann ein Rasen krank werden?

„Bulli? Alles gut bei dir?", will Lucas wissen. „Du guckst so nachdenklich."

Ich schnaube zustimmend und Lucas grinst.

„Schade, dass du nicht sprechen kannst. Du hättest bestimmt viele interessante Sachen zu erzählen." Er klopft mir den Hals, dann dreht er sich um und verschwindet wieder zu der neu entstandenen Sitzgruppe. Wally kommt zu mir herübergeschlendert.

„Hat sie schon wieder aus dem Boxenfenster geguckt?", erkundigt er sich.

„Wen meinst du?"

„Na, wen wohl?" Wally verdreht empört die Augen. „Natürlich Princess Feodora! Wen sonst?"

„Sorry, dass ich nicht ständig über deine Angebetete nachdenke", schnaube ich ihn an. „Nein, hat sie nicht. Ich habe gerade ein wenig mit Lucas geplauscht. Beziehungsweise: Er hat mir erzählt, warum er den Tisch und die Stühle rausgeschleppt hat, aber ich verstehe es nicht richtig. Angeblich ist der Garten irgendwie unbenutzbar, weil der Rasen dort verti... vertikuirgendwas ist. Keine Ahnung!"

„Wühihi!", wiehert Wally fröhlich. „Der Rasen wurde vertikutiert, also gewissermaßen umgegraben."

Ich zucke zusammen.

„Woher kennst denn ausgerechnet du dieses Wort?"

Empörtes Schnauben.

„Was heißt denn da ausgerechnet du? Hältst du mich für blöd?"

Ähem. Ehrliche Antwort? Ja. Halte ich. Aber das würde ich Wally natürlich niemals sagen. Also schüttle ich schnell den Kopf und murmle etwas, das wie nein, nein klingt. Trotzdem guckt Wally immer noch sehr vorwurfsvoll.

„Mit Rasen kenne ich mich wirklich gut aus. Falls du es vergessen hast: Mein alter Besitzer war ein berühmter Fußballspieler."

„Das kann ich gar nicht vergessen, du erzählst es mir ja ständig. Aber was hat das denn bitte mit dem Rasen zu tun?"

Wally verdreht erneut die Augen, aber diesmal sieht er dabei nicht empört, sondern belustigt aus.

„Na, überleg doch mal! Fußball und Rasen! Das eine geht nicht ohne das andere und deshalb hat mein alter Besitzer jahrelang Werbung für Rollrasen gemacht. Er hat mir oft davon erzählt. Bei Rasen macht mir deswegen niemand etwas vor!"

Heiliger Hafersack! Da musste sich der arme Wally aber ganz schön viel langweiliges Zeug von seinem

Zweibeiner anhören! Sei's drum. Wenigstens weiß ich nun, warum die Möbel jetzt vor dem Haus stehen: weil der Garten hinterm Haus umgegraben wurde.

Ich werfe noch einen Blick hinüber. In diesem Moment steckt ein mir unbekanntes Fuchspony seinen Kopf aus einem der Boxenfenster im Hauptstalltrakt. Wally bekommt sofort Schnappatmung. Der Fall ist klar: Das muss diese Princess Feodora sein. Wally wiehert nervös, ich grüße mit einem lässigen Schnauben einmal quer über den Hof. Und was macht die Fuchsdame? Die würdigt uns keines Blickes, sondern wendet uns den Hintern zu und äppelt munter drauflos! So eine Unverschämtheit! Und nicht gerade eine Liebeserklärung an den armen Wally ...

Hau den Lucas

„Mama! Maaama! Wo bleibst du denn?!" Ich stehe schon seit einer halben Ewigkeit hier in der Diele herum und warte und warte und warte. Eigentlich sollten wir schon vor zwanzig Minuten drüben bei den Schulze-Naumanns sein, die uns zum Grillen eingeladen haben. Aber Mama kommt einfach nicht aus dem Badezimmer.

„Gib mir noch fünf Minuten!", ruft sie nun – was sie übrigens vor fünf Minuten auch schon gerufen hat.

„Dann gehe ich mit Karlchen noch mal zu den Kois und schaue nach, ob alles okay ist!", rufe ich zurück und schnappe mir meinen Jack-Russell-Terrier. Nach den Kois zu sehen ist eh keine schlechte Idee, denn schließlich sind Mama und ich während Onkel Hapes halber Weltreise für seine über alles geliebten und sehr wertvollen Fische verantwortlich.

Schlimm genug, dass einer seiner bunten Kois vor Kurzem von einem hinterhältigen Fischreiher weggeschnappt wurde. Wie wir das Onkel Hape erklären sollen, wissen wir ehrlich gesagt noch immer nicht. Aber andererseits kann er total dankbar sein, dass wir – also Bulli, Lucas und ich – Schlimmeres verhindert haben. Der Fischreiher hatte es nämlich eigentlich auf sämtliche Kois in Onkel Hapes Teich abgesehen.

Als ich das Haus durch die Küchentür Richtung Garten verlasse, wandert mein Blick sofort rüber zu dem Stall, in dem Bulli und Wally stehen. Direkt daran schließt sich ein kleiner Paddock an und der wiederum befindet sich genau an der Grundstücksgrenze der beiden Höfe.

„Karlchen, mein lieber, süßer Hund, hast du was dagegen, wenn wir Bulli und Wally noch einen kurzen Besuch abstatten?"

Karlchen drückt sich noch enger an mich, was ich als Okay auslege. Beschwingt flitze ich los.

Bulli begrüßt mich mit einem freundlichen Wiehern. Ich kraule ihn hinterm Ohr, dort wo er es ganz besonders gerne hat, und vergesse nicht, gleich darauf auch Karlchen zu kraulen. Dass mein kleiner Hund solch einen Kummer  wegen meiner Freundschaft zu Bulli hat, das geht wirklich gar nicht, finde ich. Also habe ich beschlossen, meine Zuneigung gerecht auf beide Tiere zu verteilen, damit sich keines irgendwie benachteiligt fühlt. Anscheinend bekomme ich das auch gut hin, denn Bulli und Karlchen machen gerade einen recht zufriedenen Eindruck auf mich.

Wer mir allerdings sehr sonderbar vorkommt, das ist Wally. Der sonst fast schon ein wenig aufdringliche Schimmel steht ganz hinten in der Ecke des Paddocks und sieht irgendwie abwesend aus. Normalerweise drängt er sich immer ans Gatter und streckt seinen langen Hals weit nach vorne, um bloß alles mitzukriegen.

„Was hat denn der Wally?", frage ich Bulli besorgt. „Geht es ihm nicht gut? Soll ich Lucas Bescheid sagen, dass er noch mal nach ihm sehen soll? Ich treffe ihn eh gleich, weil Mama und ich bei den Schulze-Naumanns zum Grillen eingeladen sind. Falls Mama jemals aus dem Badezimmer kommen sollte." Ich verdrehe die Augen und Bulli schnaubt verständnisvoll. Oh ja, Bulli versteht jedes meiner Worte – da bin ich mir sehr, sehr sicher. „Nicht, dass er 'ne Kolik oder so bekommt." Ich kenne mich zwar nicht wirklich mit Pferdekrankheiten aus, aber dass eine Kolik etwas sehr Schlimmes ist, das weiß ich inzwischen.

Doch Bulli schüttelt seinen schönen Kopf mit der breiten Blesse, die ich so unheimlich hübsch finde. Wenn er reden könnte, also in der Menschensprache, dann würde er jetzt wohl sagen: Nee, lass mal Lina, mit Wally ist alles okay. Du musst dir echt keine Sorgen machen.

„Weißt du was", sage ich zu Bulli, „ich schaue einfach nach dem Grillen noch mal bei euch vorbei und wenn

Wally dann immer noch so komisch dasteht, dann sage ich es Lucas." Ich drücke Bulli einen schnellen Kuss auf seine weiche, warme Nase und eile dann mit Karlchen unterm Arm rüber zu den Kois.

Die schwimmen alle ziemlich zufrieden im Teich herum. Ich werfe ihnen ein bisschen was vom Koi-Futter ins Wasser. Vom Fischreiher ist auch nichts zu sehen. Und selbst wenn, er hätte eh keine Chance. Wir haben nämlich das Teichnetz über das komplette wässrige Areal gespannt, das Lucas' Opa noch im Schuppen hatte. Somit hat jetzt kein Fischreiher der Welt die Chance, sich einen von Onkel Hapes geliebten Fischen zu schnappen. Sehr gut!

Als ich zurück zum Haus gehe, steht Mama schon vor der Tür und blickt mir kopfschüttelnd entgegen. „Lina, Mensch, wo bleibst du denn? Wir sind viel zu spät dran, nur weil du so herumtrödelst."

Ähm ... hallo? Wer ist hier bitte schön ewig lang nicht aus dem Badezimmer gekommen?! Wobei ich mich gerade frage, was sie dort eigentlich gemacht hat?! Die Haare trägt sie zu einem nachlässigen Pferdeschwanz zusammengebunden, das Gesicht ist völlig frei von Schminke. Sie hat ein schlichtes hellblaues T-Shirt zu ihrer Jeans an und dazu die leicht ausgetretenen Leinenschuhe, die sie sonst nur anzieht, wenn sie im Garten herumwühlt. Da Mama schon aus beruflichen Gründen immer total viel Wert auf ihr Äußeres legt, bin ich über ihr Outfit nun echt erstaunt.

„Ist was mit dir, Mama?", frage ich sie und mustere sie dabei skeptisch.

„Unsinn! Was soll denn sein? Alles ist toll und ganz wunderbar. Kein Grund zur Sorge!", behauptet sie und nun mache ich mir tatsächlich Sorgen. Da stimmt doch etwas ganz gewaltig nicht!

„Ähm ... Mama, du hast doch irgend...", beginne ich. Doch sie lässt mir keine Chance zum Weiterreden. Übertrieben fröhlich hakt sie mich unter und zieht mich mit zu den Schulze-Naumanns, die uns schon sehnsüchtig erwartet haben.

Doch meine Laune stürzt sehr, sehr tief in den finstersten und muffigsten Keller, als ich neben Lucas die beiden Super-Zwillings-Zicken erblicke. Sie pappen an seiner Seite, als wäre er ein klebriger Fliegenfänger und sie zwei lästige Schmeißfliegen.

Eine von ihnen, keine Ahnung ob Jette-Marie oder die andere, die sehen sich ja so bescheuert ähnlich, auch klamottenmäßig, hat sogar total besitzergreifend ihre Hand auf seinen Unterarm gelegt.

Mein Magen zieht sich zusammen, ein richtig doofes Gefühl, und am liebsten würde ich auf dem Absatz kehrtmachen. Wie kann Lucas nur mit so eingebildeten Blödschnepfen befreundet sein?!

„Oh, hallo, Lina!", ruft er mir jetzt zu und befreit sich von seinen beiden tollen Freundinnen. Er kommt auf mich zu und legt mir grinsend die Hand auf die Schulter, was ich irgendwie sehr komisch finde. Karlchen auch, denn er knurrt leise.

„Ups, was ist denn mit dem los?", wundert sich Lucas und zieht seine Hand wieder zurück. Was ich ihm eh geraten hätte. Soll er doch einer von den Superzwillingen seine olle Flosse auf die Schulter legen.

„Er mag halt nicht jeden", ranze ich ihn an und wende ihm dann demonstrativ den Rücken zu.

Mama hat sich inzwischen schon bei Lucas' Eltern für die Einladung bedankt und unsere Verspätung doch tatsächlich damit entschuldigt, dass ich mich mal wieder nicht von Bulli lösen konnte. Frechheit! So war es bestimmt nicht!

„Kein Problem!", winkt Frau Schulze-Naumann ab und zwinkert mir dann zu. „Und was die ganz besondere Beziehung zwischen Bulli und Lina betrifft, so freuen wir uns alle wirklich sehr darüber. Bulli ist ja eigentlich ein richtig gutes Pony. Aber er hat so schrecklich unter dem Weggang unserer älteren Tochter Pia gelitten, dass er seitdem Kindern gegenüber mehr als muffelig eingestellt war."

„Ja, Bulli ist durch Lina wieder richtig aufgeblüht", sagt nun auch Lucas und lächelt mich an – ich schaue kurz zu den Zwillingen rüber und sehe, wie sich ihre eh 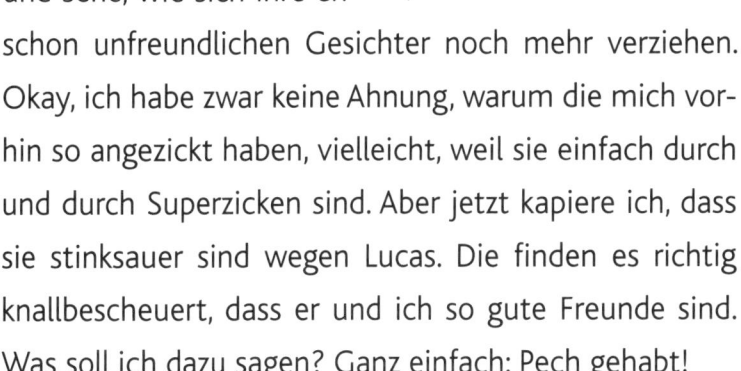 schon unfreundlichen Gesichter noch mehr verziehen. Okay, ich habe zwar keine Ahnung, warum die mich vorhin so angezickt haben, vielleicht, weil sie einfach durch und durch Superzicken sind. Aber jetzt kapiere ich, dass sie stinksauer sind wegen Lucas. Die finden es richtig knallbescheuert, dass er und ich so gute Freunde sind. Was soll ich dazu sagen? Ganz einfach: Pech gehabt!

Hm ... ich muss schon zugeben, das geht irgendwie runter wie Öl. Und womöglich kann Lucas ja auch gar nichts dafür, dass die beiden Kreischzicken so an ihm kleben.

Bestimmt findet der die genauso doof wie ich. Aber weil sie nun mal Hofgäste sind, kann er das nicht so sagen oder zeigen. Schließlich leben die Schulze-Naumanns von ihrem Reiterhof und da muss man wahrscheinlich auch mit so ätzenden Gästen wie mit diesen beiden Angeberzwillingen irgendwie klarkommen.

„Redet ihr von dem Kaderpony deiner großen Schwester, Lucas?", will jetzt die eine von den beiden wissen.

Lucas nickt. „Ja, Nele-Sophie, genau, es geht um Bulli. Der ist wieder richtig happy, seitdem er Lina getroffen hat."

Jette-Marie lacht gekünstelt auf. „Getroffen? Wie denn, mit dem rechten oder mit dem linken Hinterhuf?" Sie wiehert wie ein wild gewordenes Shetlandpony und ihr dusseliger Zwilling fällt genauso schrill lachend mit ein.

Boah, sind die doof. Ich gucke Lucas an, bestimmt denkt er gerade das Gleiche wie ich. Doch was macht der? Er lacht mit! Ich fasse es nicht. Er lacht tatsächlich über diesen total unwitzigen Scherz dieser Jette-Marie.

Frau Schulze-Naumann verschwindet im Haus, um

die Salate zu holen. Mama erklärt sich sofort bereit, ihr dabei zu helfen. Es kommt mir fast so vor, als hätte sie nur auf eine Gelegenheit gewartet, um mit Lucas' Mama alleine zu sein. Da stimmt doch was nicht, schießt es mir noch mal durch den Kopf.

Herr Schulze-Naumann ist mit dem Grill beschäftigt. „Lucas, bist du so lieb und holst die Anzünder aus dem Schuppen?!", bittet er Lucas, der sich prompt auf den Weg macht. Lucas' Oma und Opa unterhalten sich über irgendwelche neuen Äpfel, die sie demnächst über den Selbstbedienungsstand vorne an der Straßenseite des Hofes zum Kauf anbieten wollen. Die Zwillinge haben ihre Köpfe zusammengesteckt und kichern. Plötzlich komme ich mir total einsam vor und verdammt fehl am Platz.

Am liebsten würde ich mit Karlchen wieder rüber zum Paddock von Bulli und Wally gehen. Wenn nicht gleich Lucas oder Mama zurückkommen, dann werde ich auch genau das tun.

„Du, sag mal", spricht Nele-Sophie mich plötzlich an. „Wenn du jetzt also das alte FEI-Pony von Lucas'

Schwester reitest, dann machst du ja bestimmt auch beim Hofturnier mit!?"

Ich zucke vage mit den Schultern.

„Was jetzt? Ja oder nein? Oder kannst du überhaupt nicht sprechen? Dich nur von deinem ekligen Hund abschlecken lassen?!"

Was für eine doofe Nuss. Am liebsten würde ich ihr das auch direkt in ihr feistes Gesicht sagen.

„Aber Nele-Sophie, glaubst du wirklich, dass diese Lisa so gut reiten kann, dass sie ein Pony wie Bulli durch eine anspruchsvolle Dressurprüfung bekommt?"

Die beiden gucken sich an, brechen zeitgleich in schallendes Gelächter aus und rufen: „Niemals! Die doch nicht!"

Ich hole tief Luft, zähle innerlich bis zehn und erkläre

dann so gelassen wie möglich: „Erstens heiße ich Lina und zweitens, tja, das werden wir dann wohl spätestens beim Hofturnier sehen. Denn natürlich nehmen Bulli und ich daran teil. Was für eine Frage."

„Echt? Du startest mit Bulli?", ruft Lucas, der gerade mit den Grillanzündern aus dem Haus kommt. „Das ist ja super. Wirklich, Lina, ich freue mich total darüber."

Die Zwillinge glotzen, als wäre ihnen ein Pferdeanhänger über die angeberischen Reitstiefel aus Lackleder gerollt. Ich kann mich über ihre belämmerten Gesichter allerdings nur wenig freuen, denn ich frage mich, wie ich aus dieser Nummer wohl wieder rauskommen werde. Verflixt, wie konnte ich nur. Eins ist natürlich klar: Bulli und ich werden auf gar keinen Fall am Hofturnier teilnehmen. Bestimmt nicht! Niemals!

Eine Oberhammer-Megasuper-Idee!

Was höre ich da? Wir starten doch auf dem Turnier? Das sind ja tolle Neuigkeiten, die mir der Wind gerade von der Grillparty zum Paddock herüberweht! Jedes einzelne Wort von Lucas konnte ich zwar nicht verstehen, aber der Rest reichte, um die Botschaft rüberzubringen: Ab sofort bin ich wieder ein Turnierpony, wühaha!

Aufgeregt beginne ich, am Zaun auf und ab zu traben. Ich kann genau sehen, dass die beiden Angeberinnen, die die ganze Zeit auf meine Lina eingeredet haben, jetzt zu mir herüberstarren. Also lege ich eine Runde Showtrab ein. Ich mag mittlerweile ein klitzekleines Weidebäuchlein haben, aber an meinem überragenden Trab ändert das nichts – ich schwebe nur so über den Boden und den beiden Gören bleibt der Mund offen stehen. Tja, ihr Zicken – da müsst ihr lange suchen, bis ihr ein Pony findet, das so gute Grundgangarten hat wie Lord Royal Bullheimer! So lautet nämlich mein voller Name und den werden die beiden bald fürchten, wühaha!

„Hey, Bulli, pass doch auf!", ranzt mich Wally an, dem ich aus Versehen direkt vor der Nase vorbeigetrabt bin. Gott, der ist aber auch empfindlich heute! Na gut, er hat anscheinend Liebeskummer und das ist bestimmt kein schönes Gefühl. Seit Princess Feodora ihn so schmählich ignoriert hat, ist seine Laune im Keller.

Meiner liebsten Lina ist das natürlich sofort aufgefallen. Klar, die macht sich eben Gedanken um uns Vierbeiner. Ich fürchte nur, sie kann Wally da gar nicht helfen. Princess Feodora scheint ihm das Herz gebrochen zu haben und das muss nun erst mal wieder heilen.

„Tut mir leid, Wally, wollte dir nicht auf die Füße treten", entschuldige ich mich. „Aber ich musste den beiden Zicken da drüben doch mal zeigen, was 'ne Harke ist! Eingebildete Gören!"

Wally seufzt tief.

„Die eine ist die Reiterin von ...", er schluckt schwer, dann flüstert er nur noch, „Feodora. Meiner geliebten Feodora!"

Grundgütiger Misthaufen! Wenn Pferde weinen könnten, mein Freund Wally würde heulen wie ein Schlosshund! Das ist ja erbärmlich!

„Nun reiß dich mal zusammen, Wally!", schimpfe ich. „Das ist nun wirklich nicht das Ende der Welt!"

Er schüttelt nur matt den Kopf.

„Doch, ist es. Auf jeden Fall der Untergang meiner Welt."

Dann seufzt Wally wieder so unglaublich tief, dass ich mich nicht mehr über ihn ärgere, sondern mir stattdessen angst und bang wird. So viel Stress ist für einen alten Kämpen wie ihn bestimmt nicht gut. Nicht, dass der mir noch hier auf dem Paddock umkippt! Ich denke kurz nach.

„Gut, wenn dir die Dame so wichtig ist, dann müssen wir etwas unternehmen, was ihre Zuneigung für dich irgendwie anfacht."

Ein trüber Blick von Wally.

„Ach, es ist doch zwecklos. So wie sie mir den Hintern zugedreht hat, interessiert sie sich überhaupt nicht für mich."

Okay, damit hat er zwar recht, aber das muss ich ihm nicht auf die Nase binden.

„Ach was", sage ich also, „vielleicht ist die Dame auch nur kurzsichtig. Keine Sorge, mir fällt bestimmt gleich die richtige Taktik ein."

Einen Moment lang stehen wir schweigend nebeneinander, natürlich ohne dass mir die passende Taktik ein-

fällt. Mist, was kann man in so einem vertrackten Fall nur tun? Kurz, bevor ich mir mein armes Ponyhirn endgültig zermartert habe, passieren zwei Dinge gleichzeitig:

Erstens fällt mir das Gespräch zwischen Lina und ihrer Mutter über Karlchen Kotelett von heute Morgen wieder ein. War da nicht von einer Regung namens Eifersucht die Rede? Die bei Karlchen aufkam, weil Lina und ich uns so gut verstehen? Und zweitens steckt in diesem Moment ein anderer Fuchs seinen Kopf durch sein Boxenfenster. Es ist Antara, die eingebildete Stute von Lucas. Aber anders als Princess Feodora beleidigt sie unsere Augen nicht durch eine Portion Pferdeäppel, sondern grüßt uns sehr freundlich. Schließlich sind wir alte Stallkollegen und ich weiß, dass sie sich mit Wally gut versteht.

Und genau in diesem Moment ist sie geboren, meine spitzenmäßige, meine absolut tolle, meine Oberhammer-Megasuper-Idee! Wir müssen Princess Feodora eifersüchtig machen! Wir müssen es irgendwie hinbekommen, dass die sehr hübsche Antara sich um Wally bemüht und die blöde Feodora das mitbekommt. Dann wird Wally mit Sicherheit auch für das blöde Zickenpony interessant.

Genau wie bei Karlchen Kotelett: Wenn Wally sich in Zukunft nur noch um Antara kümmert und Feodora ignoriert, dann ... ja, dann wird die bestimmt eifersüchtig und erkennt endlich, was für ein herzensguter, liebenswerter Kerl mein Kumpel Wally ist. Und dann ist der endlich wieder besser gelaunt und geht mir nicht mehr mit seinem Geseufze auf den Keks!

Weltklasse-Plan. So wird es gemacht. Muss nur noch Antara mitspielen, aber das bekomme ich schon hin. Operation Liebesglück kann beginnen!

Dream a little Dream

Oooh, ich könnte gerade explodieren wie ein Chinaböller an Silvester. Diese Pinke-Zwillinge, so heißen die übrigens mit Nachnamen, wie ich inzwischen weiß, sind ja so was von ultranervig. Und zickig. Und eingebildet. Einfach total knallblöd!

Den ganzen Abend haben die mit ihren tollen Ponys angegeben. Und auch, bei wem sie so alles reiten. Und wer sie fördert und toll findet. Und dass sie dieses Turnier geritten sind und jenes gewonnen haben. Und von irgendwelchen Sichtungen haben die gelabert und von so einem Kader, in den sie bestimmt demnächst berufen werden. Und, und, und – nervig!

Ich habe kaum was von dem Essen runtergekriegt, weil sich mein Magen von dem vielen Angeben richtig doll zusammengezogen hat.

Jetzt sind wir endlich wieder zu Hause und ich habe Hunger.

„Was machst du denn da, Lina?", wundert sich Mama, als ich zielstrebig zum Kühlschrank stapfe und den Käseteller, die Butter und die Saftflasche herausfische.

„Ich habe Hunger. Deshalb mache ich mir schnell ein Käsebrot."

Mama schüttelt ungläubig den Kopf. „Lina? Hallo? Wir kommen gerade vom Grillen. Wie kannst du da bitte schon wieder Hunger haben?"

Ich seufze. „Wenn man nichts isst, dann ist der Magen leer und knurrt. Ganz einfach."

Mama begreift es noch immer nicht. „Und warum hast du nichts gegessen? Das war doch der Sinn der Einladung zum Grillen bei den Schulze-Naumanns."

Ich hole tief Luft, dann beiße ich herzhaft in mein Käsebrot.

„Ich habe mich so geärgert", erkläre ich mampfend. „Über diese Zicken."

„Welche Zicken? Und außerdem, Lina, wie oft habe ich dir schon gesagt, dass man nicht mit vollem Mund spricht?!"

Ich zucke mit den Schultern. „Na ja, du hast mich was gefragt."

Mama winkt ab. „Ach, dann mach doch, was du willst." Damit wendet sie sich ab und marschiert aus der Küche.

Hä? Was ist denn jetzt los? So schlimm war es nun auch nicht, dass ich mit vollem Mund gesprochen habe, finde ich. Und besonders frech geworden bin ich auch nicht. Echt nicht. Das wäre mir aufgefallen.

„Weißt du, was mit Mama los ist?", frage ich Karlchen. Doch der hat nur Augen für mein Käsebrot. Ich teile das

Brot mit Karlchen, verstaue alles wieder im Kühlschrank und verlasse die Küche.

Als ich auf die Diele hinaustrete, höre ich von oben Mamas Stimme. Sie scheint zu telefonieren. Und wenn ich das Ganze richtig einschätze, dann ist es kein fröhliches Gespräch mit ihrer Freundin Kata. Selbst hier unten in der Diele hört man ihrer Stimme noch den ärgerlichen Tonfall an.

Okay, ich gehe jetzt hoch zu ihr und frage, was los ist. Langsam mache ich mir wirklich Sorgen. So kenne ich Mama überhaupt nicht.

Doch als ich ihr Zimmer betreten will, scheitere ich an der Tür. Die lässt sich nämlich nicht öffnen.

„Mama?" Ich klopfe gegen das weiße Holz. „Warum hast du denn abgeschlossen?"

Stille! Dann aber Mamas Stimme, die mir ziemlich schroff mitteilt: „Lina, ich möchte bitte in Ruhe telefonieren!"

„Aber warum schließt du dich ein?" Ich verstehe es echt nicht. Mama hat sich noch nie zum Telefonieren eingeschlossen. Sie schließt nicht mal ab, wenn sie auf der Toilette ist. Oder unter der Dusche steht. Mama

schließt wirklich niemals irgendwelche Türen ab! Außer natürlich der Haustür. Aber das ist ja wohl auch total normal. Das macht schließlich jeder. Und wer es nicht macht, der ist bestimmt ganz schön dumm. Oder leichtsinnig.

Egal! Jetzt will ich sofort wissen, was mit meiner Mutter los ist. Ich bleibe einfach hier vor der Tür stehen, bis sie zu Ende telefoniert hat, und dann löchere ich sie so lange, bis sie mir antwortet.

Doch es dauert eine halbe Ewigkeit. Ich kann langsam nicht mehr stehen. Also sinke ich direkt neben der Tür auf den Fußboden.

Mama redet und redet, nun aber viel leiser. Womöglich ahnt sie, dass ich lausche. Irgendwann tut mir der Rücken weh und noch etwas später, da sacke ich einfach zur Seite und schlafe ein.

„Meine Damen und Herren, nun darf ich Ihnen ein ganz besonderes Highlight des heutigen Dressurturniers auf unserem Hof ankündigen: Lord Royal Bullheimer mit seiner talentierten jungen Reiterin Lina. Ich schätze, nein, ich bin mir sogar sicher, Sie werden begeistert sein."

Bulli trabt schwungvoll einmal außen ums Dressurviereck herum. Ich wirke sanft auf ihn ein, habe ihn perfekt an den Hilfen, sodass man die Harmonie, die zwischen uns herrscht, das ganz feine Zusammenspiel, regelrecht spüren kann. Ein Raunen geht durchs Publikum, als wir schließlich ins Viereck einreiten und bei X anhalten. Bulli steht geschlossen da, ich grüße und lächle dabei die beiden Richter an. Der linke nimmt seinen Hut von der Glatze und grüßt zurück. Sanft drücke ich meine Waden in Bullis Seiten, der daraufhin von der Stelle weg antrabt.

Die Trabtour hat viele Höhepunkte, der Mitteltrab ist berauschend. Dann kommt die Schritttour. Auch hier können wir durch Bullis enormen Mittelschritt glänzen. Nun galoppieren wir an. Bullis Galopp ist der Hit. Raumerweiternd und bergauf, besser geht es nicht.

Als wir schließlich auf die Mittellinie abwenden und bei G vor den Richtern stehen, ist das Publikum völlig aus dem Häuschen. Sie applaudieren wie verrückt, jubeln uns zu, feiern uns euphorisch. Ich bin unfassbar stolz auf Bulli und mich. Überglücklich sinke ich an seinen Hals, umarme ihn und presse mein Gesicht in seine weiche Mähne. Hach, ist das schön …

„Lina? Hallo, Lina, was machst du denn hier? Wach auf, hörst du, Lina, du kannst doch nicht auf dem Flur schlafen."

Schlafen? Wer schläft hier? Und wer, verflixte Kiste, rüttelt wie verrückt an meiner Schulter? Was soll das? Ich will weiter auf Bulli reiten. Das Publikum ist so begeistert von uns. Wir sind ein echtes Dreamteam – das Highlight, hat Herr Schulze-Naumann gesagt.

Juhu!

Okay, da Mama neben mir auf dem Fußboden hockt und von Bulli weit und breit nichts zu sehen ist, habe ich wohl gerade geträumt.

„Wie spät ist es denn?", murmele ich noch immer leicht benommen.

Mama zieht hörbar die Luft ein. „Schon nach zehn Uhr."

„Oh", mache ich.

Eine Weile sitzen wir Seite an Seite auf dem Flur vor Mamas Zimmer und hängen unseren Gedanken nach.

Bis Mama schließlich sagt: „Okay, Lina, ich erzähle dir, was los ist. Bringt eh nichts, es länger vor dir zu verheimlichen."

Auweia, das klingt ja nicht gerade ... schön.

„Was ist denn passiert?", wispere ich.

Mama fährt sich mit den Händen übers Gesicht. „Ich bin arbeitslos. Seit vorgestern. Mein Chef hat mir gekündigt. Er möchte sein Unternehmen verschlanken." Mama lacht bitter auf. „Da fängt man am besten mit der einzigen alleinerziehenden Mitarbeiterin an. Ist ja wohl logisch."

Ich weiß nicht so recht, was ich sagen soll. Darum lass ich es lieber ganz sein.

Mama seufzt tief. „Na ja, was soll's. Davon geht die Welt schon nicht unter. Ich werde was Neues finden. Und wenn nicht, dann mache ich mich eben selbstständig."

Sie legt den Arm um mich und streichelt mich sanft. „Wir schaffen das schon, Lina. Ich bin mir sicher."

Ich nicke, obwohl

ich gerade echt total verwirrt bin. Was bedeutet diese Nachricht denn für uns? Dass Mama kein Geld mehr verdient? Aber wie sollen wir uns dann unsere Wohnung in Hamburg leisten können? Und wovon sollen wir leben? Hm, mein Kopf schwirrt.

„Und warum hast du nichts gegessen? Was drückt dir auf den Magen, mein Schatz?", möchte Mama von mir nun wissen.

„Die blöden Pinke-Zwillinge", sprudelt es aus mir heraus. „Und dass ich behauptet habe, am Hofturnier teilzunehmen."

„Oookay", sagt Mama gedehnt. „Und das hast du in Wirklichkeit gar nicht vor?!"

Ich schüttle den Kopf. „Niemals! Ich kann doch noch nicht mal richtig reiten."

Mama zuckt mit den Schultern. „Na und? Dann lernst du es halt richtig", sagt sie einfach.

Tja, wenn das bloß so einfach wäre. Ist es aber nicht. Bestimmt nicht! Und eigentlich will ich auch gar nicht. Nur leider ist es jetzt zu spät. Kurz bevor wir gegangen sind, habe ich mich noch mit Lucas verabredet. Lucas will Bulli und mich trainieren – wobei ich diejenige bin, die in erster Linie trainiert werden muss. Bulli kann ja schon alles.

Das Ganze soll noch vor dem Frühstück stattfinden. Ich habe nämlich keine Lust, dabei von den Pinke-Zwillingen beobachtet zu werden. Oh nein, so ohne Weiteres bekommen die von mir nicht die Chance, an der Hallenbande herumzustehen und das zu tun, was sie am liebsten tun: lästern!

Ohne Fleiss kein Preis

Oma Gertrud sagt immer: „Der frühe Vogel fängt den Wurm."

Und während ich lange Zeit dachte, dass es dabei um die Nahrungsbeschaffung von Amsel und Co. geht, weiß ich mittlerweile, dass Menschen damit sagen wollen, es sei besser, mit wichtigen Dingen sehr früh morgens anzufangen. Und ich freue mich auch ganz ehrlich, dass es Lina nun mit dem Reitenlernen wirklich ernst ist. Aber, verfluchte Tat, schon vor dem Frühstück? Bevor sich auch nur ein einziger Halm Heu in meine Box verirrt hat? Von Hafer wollen wir hier erst gar nicht sprechen!

Ungläubig starre ich Lina und Lucas an, die sich tatsächlich mit Taschenlampe und Sattelzeug vor meiner Box eingefunden haben.

„Los", flüstert Lucas, „wir satteln ihn schnell und dann schleichen wir uns in die Halle. Mit unserer Trainingseinheit sind wir locker durch, bevor die Zwillinge die Augen aufgeschlagen haben."

„Danke!", flüstert Lina zurück. „Ich dachte schon, du würdest mir einen Vogel zeigen, als ich gemeint habe, ich würde am Hofturnier teilnehmen. Echt toll, dass du mir hilfst!"

Ha! Der Vogel! Da war er wieder! Was haben die Menschen bloß mit dem Federvieh?

„Ist doch Ehrensache. Und außerdem freue ich mich sehr, dass du die Herausforderung annimmst. Du bist ein Riesentalent, ich hoffe, du weißt das!"

Lina kichert leise.

„Klar, und du bist der Top-Trainer, der das Naturtalent fördert, richtig?"

Sie lachen beide. In der Box neben uns seufzt Wally. Ob sie ihn mit ihrem Lärm geweckt haben? Nein. Wally murmelt etwas, das verdächtig nach Feodora klingt, dann pennt er weiter. Puh, Glück gehabt! Frühmorgens zu trainieren ist schon hart genug – davor noch von Wally vollgelabert zu werden wäre eindeutig zu viel für mich!

Kurz darauf stehe ich mit Lina und Lucas in der Reithalle. Lucas muss sogar das Licht einschalten, so dunkel ist es noch. Futter habe ich natürlich keins bekommen. Wahrscheinlich sollen die anderen Pferde keinen Radau machen und alle wecken, weil sie auch etwas haben wollen. Ich tue mir in diesem Moment selbst sehr leid! Arbeiten mit leerem Magen – eine echte Zumutung! Andererseits: Wenn es dazu führt, dass Lina tatsächlich beim Hofturnier mitmischt, beiße ich gern in den sauren Apfel. Beziehungsweise: Beiße ich eben nicht in einen Apfel!

Lucas greift hinter die Bande und zieht eine Longe hervor.

„Hey!", ruft Lina erstaunt. „Du willst mich an die Longe nehmen? Also, Bulli soll an dieser langen Leine um dich herumtraben und ich sitze nur untätig oben drauf? So ein Anfänger bin ich jetzt auch wieder nicht!"

Lucas schüttelt den Kopf.

„Das hat mit Anfänger nichts zu tun, Lina. Selbst Profis und Olympiasieger lassen sich hin und wieder zur Sitzschulung an die Longe nehmen. Man kann sich dabei ganz auf sich selbst und seine eigene Körperhaltung konzentrieren, das bringt echt viel! Also, los geht's!"

Gesagt, getan, und schon trabe ich tatsächlich auf dem Zirkel um Lucas herum, während Lina versucht, seine Anweisungen genau umzusetzen. Das klappt schon echt gut – mein empfindlicher Rücken spürt den Unterschied sofort. Dabei ist Reiten für Menschen anscheinend echt kompliziert, weil sie an so viele Sachen gleichzeitig denken müssen: grade sitzen, mitschwingen, langes Bein, Hände ruhig halten und, und, und ... ich bin sehr froh, dass ich dabei der Vierbeiner bin!

Nachdem wir auf beiden Händen, also sowohl links- als auch rechtsrum, das komplette Programm in Schritt, Trab und Galopp durchhaben, fängt Lina an zu japsen.

„Lucas, Gnade! Ich brauche eine Pause! Ich bekomme schon Seitenstiche!"

Lucas lacht.

„Tja, atmen nicht vergessen! Aber du hast recht: Für heute haben wir genug trainiert. Brrrr, halt, Bulli!"

Brav bleibe ich stehen und schaue zu Spitzentrainer Lucas, der nun auf mich zukommt und mir lobend den Hals klopft.

„Sehr gut, mein Schwarzer! Wir bringen dich schnell wieder in den Stall, bevor die anderen dort auftauchen. Unser kleines Trainingsprogramm soll ja geheim bleiben. Also auf zum Frühstück an die Futterkrippe!"

Wühaha! Das muss man mir nicht zweimal sagen!

„Nur, damit ich es richtig verstehe: Ich soll Wally verliebte Blicke zuwerfen? Und ihn immer wieder anwiehern, wenn ihr auf dem Paddock steht? Dabei darauf achten, dass dieses unscheinbare Fuchspony in der Box neben mir davon auch Wind bekommt?"

Okay, so ganz begeistert scheint Antara von meinem Plan nicht zu sein. Ich habe die Gelegenheit des morgendlichen Ausritts von Lucas und Lina genutzt, um sie in die Operation Liebesglück einzuweihen. Trotz – oder vielleicht auch wegen – unserer Frühsporteinlage streifen wir nämlich gerade wieder entspannt durch den Wald.

„Äh, ja, so ungefähr. Mach ihm halt schöne Augen, das kannst du bestimmt ausgezeichnet", erkläre ich Antara meinen Plan noch einmal. Die mustert mich zweifelnd.

„Hm. Und was habe ich davon?"

Gott, die ist aber auch anstrengend!

„Natürlich unsere ewige Dankbarkeit!"

„Hm."

„Äpfel, Möhren, Hafer?"

„Klingt schon besser, aber wie willst du das hinkriegen? Ich meine, du kannst dein Futter kaum in die Hand nehmen und zu mir rüberbringen. Denn falls du es vergessen haben solltest", sie wiehert kichernd, „du bist ein Pony, kein Mensch!"

Wühaha, ja, sehr lustig, die liebe Antara! Ich überlege kurz, ob es nicht leichter ist, Wally in langen Gesprächen über seinen Liebeskummer hinwegzuhelfen. Aber allein der Gedanke an die blöde Princess Feodora und an lange Gespräche mit Laberbacke Wally lassen mich verzweifeln, also starte ich einen letzten Versuch.

„Das mit den Möhren lass mal meine Sorge sein – die bekomme ich schon irgendwie zu dir. Aber was doch viel wichtiger ist: Wie kann es dir als der schönsten Stute auf dem Hof denn egal sein, wenn so ein drittklassiges, eingebildetes Juckelpony hier die Königin spielt? Und deinen armen Kumpel Wally ins Unglück stürzt? Ich meine, die versucht dir hier deinen Rang streitig zu machen, das ist dir hoffentlich klar."

Antara reißt die Augen auf.

„Wie meinst du das denn?"

„Ist doch völlig offensichtlich, meine Liebe: Diese Feodora kommt hier angeschwebt und tut so, als ob sie etwas ganz Besonderes wäre. Die Superstute, das Topmodel! Verdreht allen den Kopf, obwohl du viel, viel schöner bist. Das willst du dir doch wohl nicht bieten lassen! Schließlich ist das hier dein Hof und wenn sich schon einer von den Jungs verliebt, dann doch wohl in dich. Oder etwa nicht?"

Antara legt den Kopf schief und denkt nach.

„Bulli, du hast recht. Das ist wirklich eine Frechheit von dem Pony! Wildert hier in meinem Revier! Also, was soll ich machen?"

„Pass auf, ich erkläre es dir noch mal. Es ist im Grunde genommen ganz einfach ..."

Freundlich oder knalldoof, das ist hier die Frage!

Ich bin total erledigt! Erst die echt anstrengende heimliche Reitstunde in der Halle und dann noch ein zweistündiger Ausritt mit Lucas kreuz und quer durch die Lüneburger Heide. Eindeutig zu viel für meinen Po, der es nun mal nicht gewohnt ist, stundenlang auf einem Pferderücken zu sitzen. Dementsprechend breitbeinig stolpere ich jetzt auch von Bullis Stall rüber zu Onkel Hapes Hof. Die Vorfreude auf ein zweites Frühstück und auf eine mindestens einstündige Pause in meinem gemütlichen Bett treiben mich voran.

Als ich in die Küche schlurfe, sitzt Mama am Tisch und trinkt ihren Kaffee.

„Lina, da bist du ja. Ich wollte gerade rüber zu den Schulze-Naumanns gehen und fragen, ob sie wüssten, wo du abgeblieben bist."

Ich lasse mich ächzend auf den Stuhl sinken und schnappe mir ein Brötchen aus dem hellen Weidekörbchen.

„Gehst du dir wohl bitte erst mal die Hände waschen, Lina." Mama schüttelt verständnislos den Kopf. „Du kommst doch direkt aus dem Stall."

Ich betrachte meine Hände und finde sie eigentlich okay. Klar, unter den Nägeln habe ich schwarze Streifen. Aber so ist das nun mal, wenn man mit Pferden zu tun hat. Und außerdem reinigt Dreck bekanntlich den Magen. All das liegt mir schon auf der Zunge. Doch dann kommt mir plötzlich Mamas Kummer wegen der Kündigung in den Sinn und ich erhebe mich wortlos vom Tisch. Ich schätze, sie hat im Moment genug Stress, da muss ich sie nicht noch zusätzlich ärgern.

Ich wasche mir die Hände mit Seife, benutze sogar die kleine Fingernagelbürste und marschiere dann zurück in die Küche. Dort halte ich Mama meine sauberen und nach Lavendelseife duftenden Hände unter die Nase und frage: „Besser so?"

Mama nickt. „Auf jeden Fall. Erzählst du mir jetzt, warum du schon so früh im Stall bei Bulli warst?"

Na gut. Erst mal muss ich jedoch ein Brötchen mit Salami verdrücken und mit zwei Gläsern Saft nachspülen. Und da man mit vollem Mund nicht spricht, muss Mama sich etwas gedulden.

„Ich habe mit Lucas heimlich in der Reithalle trainiert", weihe ich sie schließlich ein.

Mamas Augenbrauen schießen in die Höhe. „Heimlich? Warum denn heimlich? Haben die Schulze-Naumanns etwas dagegen, dass du Bulli reitest?"

Ich schüttele den Kopf, beiße von meinem zweiten Brötchen ab, diesmal dick mit Marmelade beschmiert, kaue und antworte: „Unsinn! Die sind total happy darüber."

Mama nickt. „Der Meinung war ich eigentlich auch. Aber warum dann die Heimlichkeiten?"

„Wegen der dusseligen Pinke-Zwillinge."

Mama verzieht das Gesicht. „Lina, ich mag das nicht,

wenn du so redest. Was haben dir die beiden Mädchen denn getan? Gestern Abend kamen sie mir ganz nett vor."

„Waaas, nett???" Ich höre wohl nicht richtig. Wie kommt Mama denn auf den Trichter? Die Zwillinge sind doch nicht nett. Knalldoof, das passt besser.

„Schrei doch nicht so", beschwert sich Mama.

„Mach ich ja gar nicht", behaupte ich, während ich mein drittes Brötchen mit Butter beschmiere.

„Du hast ja einen gesunden Appetit heute Morgen", staunt Mama.

„Das kommt vom Reiten", erkläre ich.

Mama murmelt: „Dann sollte ich das vielleicht auch mal ausprobieren …"

Erst jetzt fällt mir auf, dass sie nur die Kaffeetasse benutzt hat. Der Teller vor ihr ist komplett frei von Brötchenkrümeln.

„Hast du gar nichts gegessen?"

Sie schüttelt den Kopf. „Ich bin vom Grillen gestern Abend noch ziemlich satt."

Ich mustere sie skeptisch. „Oder ist es wegen deines doofen Chefs?!"

Mama guckt mich vorwurfsvoll an. „Lina, du sollst nicht immer solche Ausdrücke verwenden."

„Aber wenn er doch nun mal doof ist. Ich meine, lügen soll ich schließlich auch nicht."

Nun lacht Mama. „Du hast recht, Lina, er ist definitiv doof und das weiß ich nicht erst seit jetzt."

Ich grinse sie schief an. „Dann kannst du eigentlich froh sein, dass du nicht mehr bei ihm arbeiten musst", finde ich.

„So gesehen, ja, das kann ich."

„Blöd ist nur, dass wir dann wohl irgendwie kein Geld mehr haben", füge ich hinzu.

Mama schüttelt den Kopf. „Quatsch! Wegen Geld müssen wir uns bestimmt keine Sorgen machen. So, und jetzt genug von diesem Thema. Ich muss auch langsam los. Ich habe nämlich Oma Gertrud versprochen, ihr beim Einräumen ihres neuen Straßenverkaufsstands behilflich zu sein."

„Oh, das ist aber nett von dir", finde ich.

„Tja, so bin ich eben, nett und hilfsbereit." Mama knufft mich grinsend in die Seite und eilt dann aus der Küche.

Ich verdrücke tatsächlich noch ein viertes Brötchen. Danach bin ich allerdings so vollgefuttert, dass ich mich nur noch raus in den Garten schleppen kann, wo ich ächzend auf eine der beiden rot-weiß gestreiften Sonnenliegen sinke.

Einen Moment lang überlege ich, ob ich heute mal wieder ins Atelier gehen sollte, um zu zeichnen. Doch ich bin so erschöpft, dass ich mir nicht mal vorstellen kann, einen Bleistift zu halten.

Mein Blick wandert rüber zum Ponyhof der Schulze-Naumanns. Bulli und Wally stehen auf dem Paddock und dösen in der schon recht warmen Sonne. Schräg dahinter entdecke ich Herrn Schulze-Naumann auf dem Reitplatz. Er gibt gerade zwei Reiterinnen Unterricht.

Herrje, die Pinke-Zwillinge, stelle ich im nächsten Moment fest.

Eigentlich interessieren die mich ja nicht die Bohne. Dennoch kann ich es nicht lassen, mich im Liegestuhl etwas aufzusetzen, um eine bessere Sicht auf die Zicken zu bekommen.

Hm, was dort geboten wird sieht – leider, leider – meiner Meinung nach ziemlich gekonnt aus. Die Ponys der beiden laufen wirklich richtig gut. Und Jette-Marie und Nele-Sophie scheinen beide sehr geübte Reiterinnen zu sein.

Meine Hoffnung, auch nur den Hauch einer Chance beim Hofturnier zu haben, schwindet in weite Ferne.

„Da hab ich mir ja was eingebrockt", murmele ich geknickt.

„Womit?", fragt plötzlich jemand hinter mir. Ich zucke erschrocken zusammen, fahre herum und entdecke Lucas, der mich breit angrinst. „Führst du etwa Selbstgespräche?"

„Lucas. Mann. Spinnst du?! Ich hab mich total erschreckt!" Ich zeige ihm einen Vogel. Karlchen, der gerade noch schlummernd neben mir in der Sonne gelegen hat, springt wie angestochen auf und fängt an zu kläffen. So laut, dass Bulli den Kopf hebt, ans Paddockgatter kommt und zu uns rüberwiehert.

„Oha, dein Freund macht sich Sorgen um dich", be-

hauptet Lucas. „Oder anders, deine Freunde." Er deutet auf Karlchen, der sich überhaupt nicht mehr einkriegen will.

„Aus! Karlchen, jetzt beruhige dich doch!", rede ich auf ihn ein. Doch mein kleiner Hund kläfft sich nur noch mehr in Rage.

„Sorry, aber der spinnt echt", meint Lucas. „Ich bin auch gleich wieder weg. Wollte dich nur fragen, ob du später Lust hast, mit in den Reitsportladen zu kommen. Meine Mutter möchte nämlich die Ehrenpreise fürs Hofturnier einkaufen und ich soll ihr bei der Auswahl helfen. Ich dachte, es wäre ein zusätzlicher Anreiz für dich, wenn du siehst, was für tolle Sachen es zu gewinnen gibt?!"

„Na ja, wenn sie auch Trostpreise für die schlechteste Reiterin besorgt, dann weiß ich wenigstens, womit ich zu rechnen habe", gebe ich trocken zurück.

Lucas winkt ab. „Hey, du hast das heute Morgen richtig gut gemacht. Aber du musst an dich glauben, sonst wird das nichts. Also, was ist jetzt, kommst du mit?"

Ich nicke. „Ja, klar doch. Gerne." Eigentlich will ich noch hinzufügen: Aber nur, wenn die dusseligen Zwillinge nicht dabei sind. Doch ich verkneife es mir. Man kann es auch übertreiben und wer weiß, vielleicht sind sie ja gar nicht sooo doof, wie ich denke? Womöglich haben wir einfach nur einen schlechten Start gehabt?!

Als ich jedoch gut zwei Stunden später rüber zu den Schulze-Naumanns marschiere, um wie verabredet mit Lucas und seiner Mutter ins Reitsportgeschäft zu fahren, laufe ich den Zwillingen direkt in die Arme.

„Hi, wie geht's?", sage ich betont freundlich.

„Was soll das?", ranzt mich Jette-Marie an.

„Willst du uns ein Gespräch aufzwingen?", blafft Nele-Sophie.

Ähm ... okay, sie sind eindeutig so doof, wie ich dachte.

Konkurrenz belebt das Geschäft

„Wally, mein Lieber", flötet Antara und trippelt dabei scheinbar aufgeregt vor unserem Paddock auf und ab, „kannst du mir noch mal erzählen, was es für ein Gefühl war, plötzlich Weltmeister zu sein?"

Die letzten Worte ruft sie allerdings nicht Richtung Paddock, sondern zum Hauptgebäude hinüber, und ich kann erkennen, dass Princess Feodora neugierig den Hals über ihre Boxentür reckt, um Wallys Antwort zu hören. Super, läuft bei uns!

Beziehungsweise: könnte laufen. Denn Wally guckt Antara aus großen Augen an und antwortet nur: „Hä?"

Mist. So wird das nichts mit der Operation Liebesglück. Antara verdreht die Augen und ich knuffe ihn mit meiner Nase in die Seite und rufe dann laut: „Genau, Wally! Erzähl doch mal, wie du mit Hans-Günther Schurkenmöller in Aachen Weltmeister der Springreiter wurdest!"

Langsam fällt der Euro bei Wally. Leider nur centweise, denn er muss schon seeehr lange überlegen, bis er schließlich – ebenfalls laut – ruft: „Ach ja, der Hans-Günther! Tja, das waren noch Zeiten!"

Antara, die Gott sei Dank wild entschlossen ist, die Sache durchzuziehen, seufzt leicht gekünstelt und trällert:

„Oh, wie aufregend! Ich spreche mit einem echten Weltmeister – ist es denn zu fassen?"

Okay, genau genommen ist das eine ziemlich miese Show hier und unser aller schauspielerisches Talent würde normalerweise nicht mal reichen, um einen Aushilfsjob im Kasperletheater zu ergattern. Aber Feodora scheint die Story zu kaufen, denn mittlerweile fällt sie fast über ihre Boxentür und macht lange Ohren.

Wally räuspert sich.

„Also, der Hans-Günther hatte sich ja in der ersten Runde am Vortag den Arm gebrochen. Und ... äh ... so

richtig reiten konnte er nicht. Deswegen lastete die ganze Verantwortung auf meinem Rücken! Ich musste ihn irgendwie durch diesen verdammten Parcours schleppen, um die Goldmedaille zu retten, versteht ihr?"

WOW! Jetzt bin ich beeindruckt! Wally hat endlich richtig in seine Rolle hineingefunden! Auch Antara bläht die Nüstern.

„Echt? Alles lag nur an dir? Wahnsinn, wie hast du diesen Druck nur ausgehalten?"

Wally schnaubt und wirft den Kopf in den Nacken.

„Ich bin eben Profi durch und durch. Wenn es drauf ankommt, kann ich die volle Leistung abrufen und performen. Kein Problem für mich."

Langsam wird Wally mir unheimlich. Was meint er denn mit performen? Weil ich nicht zugeben will, dass ich nicht weiß, was das ist, nicke ich nur vielsagend. Antara hingegen läuft zu großer Form auf und will sichergehen, dass die Botschaft bei Princess Feodora auch ankommt.

„Hach!", seufzt sie deshalb so laut, dass selbst der Kanarienvogel von Oma Gertrud es noch mitbekommen müsste, „Wally, denkst du, wir beide könnten auf der Sommerweide mal zusammen grasen gehen, nur du und ich? Ich bin so gespannt, welche Abenteuer du in deiner langen erfolgreichen Karriere als Sportpferd noch so erlebt hast."

Unglaublich! Diese Fuchsstute ist so abgebrüht, dass es mir fast die Sprache verschlägt.

„Klar, Zuckerpuppe", antwortet Wally oberlässig. „Klar gehen wir zusammen grasen. Nur du und ich, nur du und ich ..." Dann kommt er doch tatsächlich mit seinem großen Kopf über den Paddockzaun und reibt seine Nase zärtlich an Antaras Mähne.

O.k. DAS verschlägt mir nun wirklich die Sprache! Ich werfe einen Blick zu Feodora – die steht wie angenagelt in ihrer Box und starrt mit tellergroßen Augen auf die Szenerie, die sich ihr gerade bietet. Das hat offenbar richtig gesessen. Sehr gut! Operation Liebesglück ist erfolgreich angelaufen.

Gekonnt ist gekonnt!

Ich spüre meinen Körper nicht mehr, denn ich habe keinen Körper mehr!

Lucas hat mich total geschafft. Er hat mich gequält – Mannomann, niemals hätte ich gedacht, dass Dressurreiten sooo anstrengend sein kann.

Früher, also bevor ich auch nur den Hauch eines Gedanken daran verschwendet habe, mich einem Pferd überhaupt nur zu nähern – jedenfalls nicht mehr als auf zwanzig Meter –, da dachte ich immer, man sitzt einfach nur im Sattel und lässt sich fröhlich durch die Gegend schaukeln.

Aber das stimmt gar nicht. Kein bisschen. Nach meh-

reren Tagen Intensivtraining bei Bullis und meinem Supercoach Lucas gibt es keinen Muskel in meinem Körper, der nicht schmerzt. Als ich heute Morgen aufgestanden bin, hat der Muskelkater der letzten Tage erst so richtig angefangen wehzutun.

„Guck mal, Nele-Sophie, wie komisch die geht", kichert Jette-Marie höhnisch hinter mir her, als ich Bulli über den Hof führe. Ich kann mich leider nicht umdrehen, um ihr die Zunge rauszustrecken, denn mein Nacken ist steif.

Lucas hat gemeint, dass nun die Zeiten des heimlichen Frühreitens vorbei sind und ich ab sofort am helllichten Tag in Bullis Sattel steigen soll, um fürs Hofturnier zu üben.

„Lina, es gibt echt keinen Grund, sich länger zu verstecken. Du machst das wirklich gut", findet er und damit ist die Sache beschlossen.

Also führe ich Bulli nun nicht mehr vor dem Frühstück zur Halle, sondern um halb zwölf Uhr mittags zum Reitplatz, auf dem ich wahrhaftig nicht allein bin. Tja, und da mich die Pinke-Zwillinge eben beobachtet haben, werden sie mit tausendprozentiger Sicherheit gleich am Reitplatz auftauchen.

Ich bekomme vor Muskelkater meinen Fuß kaum in den Steigbügel.

„Lina, versuch's mal mit Schwung und einem Lächeln", rät Lucas mir und grinst.

Fiesling! Schließlich ist er derjenige, dem ich meine Schmerzen zu verdanken habe.

Irgendwie gelingt es mir, mich in Bullis Sattel zu hieven. Kaum habe ich mich einigermaßen sortiert, verlangt Lucas, dass ich Bulli am langen Zügel Schritt gehen lasse, aber dennoch immer wieder mal einen Handwechsel reite oder eine große Volte.

Noch vor wenigen Tagen hätte ich nur Bahnhof verstanden, wenn jemand von auf dem Zirkel reiten, Schenkelweichen, Zügel aus der Hand kauen lassen, vorwärts-abwärts oder durch die Länge der Bahn wechseln geredet hätte.

Inzwischen kenne ich mich mit all dem recht gut aus, denn Lucas hat mich nicht nur auf Bullis Rücken trainiert, er hat auch stundenlang Theorie mit mir gepaukt. Ich träume nachts schon von der Skala der Ausbildung eines Pferdes: Der Takt – Die Anlehnung – Die Losgelassenheit – Der Schwung – Die Geraderichtung – Die Versammlung. Boah, mein Kopf ist übervoll mit Fachwissen, das Lucas mir eingetrichtert hat.

Er nimmt die Sache mit Bulli und meinem Start beim Hofturnier wirklich sehr, sehr ernst.

„Genug Schritt geritten", findet Lucas nach einer Weile. Gerade, als die Pinke-Zwillinge angerauscht kommen und sich demonstrativ bei A am Dressurviereck aufbauen.

Ich werfe ihnen einen kurzen Blick zu und frage mich, woher bloß diese Feindseligkeit kommt? Schließlich weiß ich echt nicht, was ich den beiden getan habe. Aber Lucas will, dass ich antrabe, und mir bleibt keine Zeit, mich länger mit den Läster-Zwillingen zu beschäftigen.

Das mit dem Leichttraben klappt inzwischen ganz gut. Ich schaffe es, meinen Oberkörper so auszubalancieren, dass ich nicht bei jedem Aus-dem-Sattel-Aufstehen nach vorne kippe. Bulli nimmt mich mit seinem Schwung gut mit und ich knalle ihm beim Wiederhinsetzen längst nicht mehr wie ein nasser Sack auf den Rücken.

„Sehr schön, Lina", lobt mich Lucas. Bulli schnaubt zustimmend.

Lucas lässt uns eine Weile traben, bis er verlangt, dass wir angaloppieren sollen. Der Galopp ist meine Lieblingsgangart, was eindeutig daran liegt, dass Bulli einen total schönen und geschmeidigen Galopp hat. Ich kann ihn richtig gut sitzen und auch Lucas ist mehr als zufrieden mit Bulli und mir. Ich will mich zwar nicht selbst loben, aber ich finde, bisher läuft es richtig gut. Im Vorbeigaloppieren werfe ich einen raschen Blick zu den Pinke-Zwillingen rüber. Sie stehen mit verschränkten Armen da und glotzen wie die Kühe auf der Weide. Ich schätze, ihnen gefällt gar nicht, was Bulli und ich gerade zeigen. Tja, gekonnt ist gekonnt, freue ich mich innerlich. Wobei natürlich klar ist, wer von uns beiden hier etwas kann und wer sich einfach nur Mühe gibt, dabei so wenig wie möglich zu stören. Auch wenn Lucas mich noch so lobt und nun sogar Herr Schulze-Naumann ans Viereck tritt und mir wohlwollend zunickt, der Star von uns beiden ist dieses wunderbare Pony, das im Prinzip alles alleine macht und es sogar noch schafft, mich dabei gut aussehen zu lassen.

Inzwischen haben sich noch weitere Ponyhofgäste und auch Herr Schulze-Naumann zu uns an den Reitplatz gesellt, was mich zunehmend etwas verunsichert. Bulli hingegen scheint es zu gefallen, er marschiert mit noch mehr Ausdruck durchs Viereck und macht dabei einen richtigen Hengstkragen.

„Wow", höre ich eine Mädchenstimme sagen. „Das ist ja mal ein tolles Pony."

„Herr Schulze-Naumann", sagt ein anderes Mädchen. „Ist das Ihr Pony?"

„Bulli gehört meiner Tochter Pia", antwortet er. „Aber die studiert zurzeit weit weg von zu Hause und ist inzwischen eh aus dem Ponysattel herausgewachsen."

„Darf ich den auch mal reiten? Vielleicht morgen im Unterricht?!"

Ich höre Herrn Schulze-Naumann auflachen. „Das lass mal lieber sein, Frederike. Der Bulli hat nämlich seinen ganz eigenen Kopf und hat sich sein Mädchen alleine ausgesucht."

„Schade", brummt Frederike.

Mir läuft vor lauter Glück und ja, auch Stolz, weil ich Bullis selbst ausgewähltes Mädchen bin, ein angenehmer Schauer über den Rücken.

Keine Ahnung, ob ich abgelenkt bin von den Geprä-

chen am Reitplatzrand oder mich zu sehr darauf verlasse, dass Bulli den Job für uns beide macht, jedenfalls liege ich im nächsten Moment der Länge nach mitten auf dem Reitplatz.

Bevor ich überhaupt kapiere, was eigentlich los ist, springt Karlchen Kotelett wild kläffend um mich herum und versucht, mir mit seinem feuchten Schlabberlappen das Gesicht abzuschlecken.

„Lina, um Himmels willen!", ruft Herr Schulze-Naumann besorgt. „Hast du dir wehgetan?"

Er packt mich unter den Achseln und zieht mich in die Höhe. Ich bin etwas benommen und verstehe noch immer nicht, was eigentlich passiert ist. Karlchen springt nach wie vor wild kläffend um mich herum, während Bulli gut einen Meter von mir entfernt dasteht und mich eindeutig verlegen anguckt.

„Bin ich runtergefallen?", krächze ich.

Lucas nickt ebenso besorgt guckend wie sein Vater. „Bulli ist im vollen Galopp plötzlich zur Seite gesprungen und du bist geradeaus über seinen Kopf gesegelt."

„Echt? Ich kann mich gar nicht daran erinnern", stelle ich fest.

„Na ja", meint Herr Schulze-Naumann. „Das ging so schnell, dass du gar keine Chance hattest zu reagieren."

Er legt mir beruhigend die Hand auf die Schulter und lächelt mich an. „Hauptsache, dir ist nichts passiert. Oder tut dir irgendwo etwas weh?"

Ich schüttele den Kopf. „Nee, alles gut." Wobei das natürlich nicht stimmt, denn gut ist rein gar nichts. Die Pinke-Zwillinge grinsen nämlich schadenfroh um die Wette und auch die anderen Reitermädchen sehen nicht gerade so aus, als hätten sie Mitleid mit mir. Ich frage mich nur, warum?

Alles nicht so einfach

Ach du heiliger Hafersack! Wie konnte das denn passieren? Na gut, wie ist schon klar – ich bin plötzlich abgebogen und Lina ist weiter geradeaus geflogen. Aber ich bin doch sonst nicht so schreckhaft! Allerdings jagt man mir sonst auch nicht unbedingt kleine Hunde direkt zwischen die Hufe. Wäre ich nicht ausgewichen, wäre dieser Karlchen Kotelett jetzt Geschichte! Warum hat sie das getan? Und mit sie meine ich natürlich nicht Karlchen, der ja eindeutig ein Er ist, sondern Jette-Marie oder Nele-Sophie, die schon die ganze Zeit am Dressurplatz herumlungern. Ich bin mir nämlich ziemlich sicher, dass eine von ihnen dem armen Karlchen einen Tritt verpasst hat, und zwar genau in dem Moment, als ich vorbeigaloppiert bin. Ich habe aus den Augenwinkeln eine Bewegung gesehen und kurz darauf kam Karlchen auch schon geflogen. Deswegen ist der kleine Kerl auch noch so empört und kläfft wie verrückt. Wie kann man nur so etwas Gemeines tun!

Aber bevor ich mir weiter Gedanken um den Hund mache, muss ich erst mal nach Lina gucken. Hoffentlich ist sie mir nicht böse!

Ich trabe zu ihr hinüber, sie steht mittlerweile wieder auf zwei Beinen, ist allerdings auffällig blass um die Nase. Ojemine! Was habe ich da bloß angerichtet? Vorsichtig stupse ich sie mit meiner Nase an, sie dreht sich zu mir.

„Mensch, Bulli, was machst du denn für Sachen? Wolltest du mich loswerden? Na, das ist dir eindeutig gelungen!" Sie versucht ein schiefes Lächeln, ich schäme mich in Grund und Boden. Gut, es ist zwar nicht meine Schuld – aber trotzdem! Wie stehe ich denn jetzt vor den ganzen Leuten da? Peinlich, peinlich!

Am besten wäre es, Lina würde einfach wieder aufsitzen und wir könnten noch eine Runde drehen. Momentan sieht sie allerdings nicht so aus, als hätte sie Lust dazu. Also stupse ich sie noch einmal an, stelle mich ganz dicht neben sie und wiehere leise. Komm schon, Lina! Steig wieder in meinen Sattel!

Sie scheint meine Aufforderung zu verstehen, jedenfalls legt sie nun eine Hand auf meinen Sattel und scheint darüber nachzudenken, ob sie wieder aufsteigen soll. Noch zögert sie allerdings.

Lucas mischt sich ein.

„Am besten wäre wirklich, wenn du noch ein paar Minuten reiten würdest. Wenn du dich nicht verletzt hast, solltest du dich wieder in den Sattel schwingen. Damit du erst gar keine Angst vorm nächsten Mal bekommst." Er nickt ihr aufmunternd zu, ich nicke ebenfalls.

Lina seufzt, dann sieht sie sich kurz um. Am Viereckrand stehen immer noch die fiesen Zwillinge und beobachten uns mit Argusaugen.

„Okay", sagt Lina schließlich, „ich mach's." Dann greift sie beherzt an den Sattel, geht mit einem Fuß in den Steigbügel und schwingt sich auf meinen Rücken. Ich bleibe dabei stehen wie eine Eins, schließlich habe ich einen Ruf zu verteidigen!

„Puh, ein bisschen mulmig ist mir schon, mein lieber Bulli", flüstert mir Lina zu, als sie die Zügel aufnimmt. Verstehe ich natürlich, aber dafür gibt es trotzdem keinen Grund. Zum Beweis mache ich nun einen besonders schönen Hals und zeige mich von meiner Schokoladenseite. Und so schweben wir gemeinsam noch einmal durch das Viereck, sehr zum Missfallen der beiden Mädchen, die immer noch am Rand stehen und uns zusehen. Am liebsten würde ich denen die Zunge rausstrecken – aber das macht ein Dressurpony natürlich nicht. Schließlich hält Lina mich an und lobt mich.

„Du bist einfach Weltklasse, Bulli. Aber ich denke, wir lassen es für heute mal gut sein. Ich brauche definitiv eine Pause." Ich habe nichts dagegen – dass wir ein tolles Paar sind, haben wir jetzt wohl bewiesen!

Auf dem Weg zum Stall schüttet mir Lina ihr Herz aus.

„Weißt du, Bulli, ich verstehe einfach nicht, warum diese Zwillinge so gemein zu mir sind. Ich habe denen doch gar nichts getan! Und das alles nur, weil ich mich mit Lucas gut verstehe ... das ist doch ... bescheuert. Echt!"

Ach Lina!, möchte ich am liebsten laut rufen. Und meiner Reiterin dann erklären, wie das so läuft im Reitsport mit Neidern und Besserwissern. Und dass die größten Fachleute immer an der Bande stehen, aber nie auf dem Pferd sitzen. Von dort machen sie dann den anderen das Leben schwer! Und wer bei einem anderen Reiter ein gutes Pony entdeckt, freut sich oft nicht für diesen, sondern ärgert sich, dass es nicht ihm selbst gehört. So ist es leider sehr häufig, aber das kann Lina noch nicht wissen. Ich fürchte nur, sie wird es ziemlich bald merken. Pia, meine alte Reiterin und die Schwester von Lucas, hatte sich mit der Zeit ein ziemlich dickes Fell zugelegt, aber am Anfang hat es sie sehr traurig gemacht, wenn sie mitbekommen hat, dass andere Mädchen über sie gelästert haben. Meist hieß es dann, dass sie nur so gut sei, weil sie so ein Spitzenpony habe. Gut, ich bin natürlich ein Spitzenpony – aber in Wirklichkeit hätte ich es ohne Pia niemals so weit gebracht. Und wenn Lina mit mir Erfolg hat, dann nur, weil sie so ein irres Talent hat und deshalb so wahnsinnig schnell lernt, jawoll! Das alles würde ich ihr jetzt am liebsten erzählen, aber weil ich nicht sprechen kann, wird daraus nichts. Also schnaube ich einfach extrem zuversichtlich und hoffe, sie versteht mich auch ohne Worte.

„Ach Bulli, ich wünschte, ich müsste bei diesem blöden Turnier nicht mitreiten. Ich kann das doch gar nicht. Und ich fürchte, ich werde es auch nie können."

Wühaha, sie versteht mich offenbar leider nicht ohne Worte! Ich überlege, wie ich sie noch trösten könnte. Vielleicht sollte ich ihr wie Karlchen das Gesicht ablecken? Hm, eher was für kleine Hunde als für große Pferde. Ihr etwas von meinem Hafer anbieten? Mag sie wahrscheinlich nicht und außerdem habe ich den eigentlich schon Antara für ihre Spitzenshow von neulich versprochen. Immerhin hat die Nummer richtig gezogen, Princess Feodora grüßt Wally nun sehr freundlich und gestern hat sie sich sogar zu einem kleinen Plausch mit ihm über den Weidezaun hinweg hinreißen lassen. Den

Hafer hat sich Antara also redlich verdient. Vielleicht puste ich Lina auch einfach in den Nacken, das fühlt sich bestimmt warm und gut an.

Gesagt, getan. Lina kichert.

„Hey, was soll das denn? Willst du mich trösten oder ärgern?"

Ärgern? Also wirklich jetzt! Ich schnaube empört.

„Ach, also trösten. Na, das ist gut. Kann ich gut brauchen! Hast du gehört, was das eine Mädchen gerade zu dem anderen gesagt hat? Tolles Pony, aber diese Lina kann ja gar nicht reiten. Super, was? Und übermorgen ist schon das Turnier, das kann ja heiter werden!" Sie lacht, aber besonders fröhlich klingt es nicht.

Ich kann dazu nur sagen: Abwarten, meine liebe Lina, abwarten! Ich für meinen Teil bin jedenfalls fest entschlossen, allen zu zeigen, dass aus Lina schon eine richtig gute Reiterin geworden ist!

Wer hat an der Uhr gedreht?

Ich schrecke im Bett auf! Verwirrt schaue ich mich um – draußen ist es noch dunkel. Finster und nachtschwarz! Aber warum um alles in der Welt hat dann mein Wecker geklingelt? Ich reibe mir die Augen und starre auf das schwach beleuchtete Zifferblatt meines antiken Doppelglockenweckers, der so antik ist wie fast alles hier in diesem Zimmer, weil es nun mal von Onkel Hape eingerichtet wurde, und der hat eindeutig einen leichten Hang in Richtung Altertum. 4:30 Uhr! Ich fasse es nicht! Warum hat das olle Teil so früh geklingelt? Was soll das? Will mich jemand ärgern? Genau, jetzt weiß ich es: Die Pinke-Zwillinge haben sich heimlich in mein Zimmer geschlichen, damit ich mitten in der Nacht aus dem Tiefschlaf hochschrecke und dann grüble, warum der Wecker so früh geklingelt hat.

Klingt verrückt, aber ich traue es ihnen zu. Die letzten zwei Tage haben sie keine Gelegenheit ungenutzt gelassen, mich verächtlich anzugaffen oder schnippische Bemerkungen von sich zu geben.

Als wir gestern den Schulze-Naumanns bei den Vorbereitungen fürs Hofturnier geholfen haben, ist das sogar Mama aufgefallen. Sie wollte direkt zu den Zwillingen hingehen und sie fragen, was sie für ein Problem mit mir hätten. Doch Oma Gertrud hat sie am Verkaufsstand gebraucht. Sie möchte doch beim Hofturnier ihre selbst gemachte Marmelade und den Heidelbeersaft verkaufen und Mama hat angeboten, ihr dabei zu helfen.

Apropos Hofturnier –AAAH! –, jetzt weiß ich endlich, warum der Wecker so früh geklingelt hat. Nicht die ollen Pinke-Zwillinge wollten mich ärgern, ich selbst habe ihn gestern Abend auf 4:30 Uhr gestellt, denn heute ist das Hofturnier!

Mit einem Satz springe ich aus dem Bett, schnappe mir meine Klamotten von der Stuhllehne, flitze ins Badezimmer rüber und putze mir die Zähne, während ich mich gleichzeitig anziehe.

Schnell noch etwas Wasser ins Gesicht gespritzt, die Haare zu einem Zopf zusammengebunden und dann bin ich auch schon wieder raus aus dem Badezimmer. Karlchen Kotelett folgt mir aufgeregt über die Treppe nach unten. Aber ich muss ihn enttäuschen.

„Nein, mein kleiner Rabauke, du bleibst im Haus. Drüben bei den Schulze-Naumanns wird heute richtig viel los sein. Lucas hat gesagt, sie erwarten zum Hofturnier über fünfzig Gastreiter und ihre Pferde. Es werden also jede Menge Anhängergespanne über den Hof fahren und ich möchte es echt nicht riskieren, dass du bei dem ganzen Trubel unter die Räder kommst." In Gedanken füge ich hinzu: Und dass du während des Turniers aus heiterem Himmel jemandem vors Pferd springst, das dann so scheut wie Bulli vor zwei Tagen, das möchte ich auch unbedingt vermeiden.

Es ist mir übrigens immer noch ein Rätsel, was Karlchen dazu veranlasst hat, Bulli direkt vor die Hufe zu hüpfen!

In der Küche treffe ich Mama an und bin erst mal baff.

„Was machst du denn schon so früh hier?"

Sie grinst. „Und was machst du schon so früh hier?"

„Na ja, heute ist doch Hofturnier und ich muss Bulli turnierchic machen. Ach so, und dann habe ich den Schulze-Naumanns versprochen, bei allem Möglichen zu helfen."

Mama grinst noch breiter. „Und ab und zu Luft holen, Lina, das solltest du auch nicht vergessen."

Sie hat recht. Seitdem mein Wecker geklingelt hat, habe ich bestimmt nicht einmal mehr Luft geholt – zumindest fühlt es sich so an. Mein Magen ist ein einziger schmerzender Klumpen und mein Herz rast, als ob es sich auf einen Sprint vorbereiten müsste.

„Mama", japse ich. „Ich glaub, ich schaffe das nicht." Dann plumpse ich auf den Küchenstuhl und sacke zusammen wie ein Luftballon, in den man hineingepikst hat.

Mama legt mir ihre warme Hand auf die Schulter und sagt: „Lina, hey, Schatz, hast du etwa vergessen, dass du ein Clasen-Girl bist?! Die fabelhaften Clasen-Girls schaffen alles!"

Oh, Mamas Lieblingsspruch am ersten Kindergartentag, bei Zahnarztbesuchen, Einschulung und Klassenfahrten – eben immer dann, wenn mich meterhohe Zweifel überkommen und ich Angst habe, irgendetwas nicht zu schaffen.

Ich atme tief durch: „Für einen Moment hatte ich das tatsächlich vergessen."

Mama lächelt mich lieb an. „Na dann ist es ja gut, dass ich dich wieder daran erinnert habe."

Ich nicke. „Sehr gut!" – und ja, es geht mir tatsächlich schon etwas besser. Was so ein Mama-Spruch doch alles bewirken kann.

Bulli und Wally gucken mich ziemlich erstaunt an, als ich ihren kleinen Zweierstall betrete.

„Guten Morgen, ihr beiden", begrüße ich sie und schalte das Licht ein. Flackernd gehen die Deckenstrahler an und Bulli und Wally zucken leicht mit den Augenlidern.

„Tut mir leid, dass ich euch so früh wecken muss, aber es gibt viel zu tun."

Ich öffne Bullis Boxentür, tätschele ihm zärtlich den warmen Hals und presse für einen Moment meine Wange an seine weiche Mähne.

„Bulli, heute wird es ernst", flüstere ich. „Ich weiß, ich bin wirklich keine tolle Reiterin und je näher unser Ritt kommt, desto unsicherer werde ich. Aber andererseits weiß ich, dass es eigentlich nur schön werden kann, denn schließlich bist du das beste Pony der Welt. Also, falls wir uns heute meinetwegen schrecklich blamieren, möchte ich mich schon jetzt dafür entschuldigen. An dir liegt es bestimmt nicht."

Bulli verpasst mir einen sanften Stups mit der Nase, so als wollte er sagen: Ey, Lina, geht's noch? Wir sind ein Team – wir gewinnen zusammen und wir verlieren zusammen!

Was für ein feiner Kerl Bulli doch ist. Wenn ich daran denke, dass ich bald zurück nach Hamburg in mein normales Leben fahren werde, dann zieht sich mein Magen schon wieder schmerzhaft zusammen. Aber diesmal nicht vor Aufregung, sondern vor Kummer.

Verrückt, denn zu Beginn der Ferien hatte ich inständig gehofft, dass die Zeit auf dem Land so schnell wie möglich vorübergehen würde. Und nun fühle ich mich hier so wohl, dass ich am liebsten gar nicht mehr weg möchte.

Seufzend lege ich Bulli das Halfter an und führe ihn auf die kleine Stallgasse. Ich putze sein Fell, bis es glänzt, nehme mir dann seinen Schweif vor, den ich gestern Abend extra noch gewaschen habe, und flechte ihm schließlich die Mähne, wie Lucas es mir gezeigt hat. Anschließend kratze ich ihm noch fein säuberlich die Hufe aus und öle sie ordentlich ein.

„So, Bulli, du warst es zwar vorher eh schon, aber jetzt bist du mit Abstand das schönste Pony der Welt", finde ich und bin mehr als zufrieden mit meinem Werk.

„Ich düse jetzt rüber zu Lucas und frage ihn, wo ich noch helfen soll, und dann bin ich kurz vor neun wieder bei dir. Um Viertel vor zehn sind wir dran. Lucas mein-

te, um neun soll ich dich satteln und schon mal langsam Richtung Abreiteplatz gehen. Wir stehen wohl auf der Starterliste ziemlich weit oben." Ich klopfe ihm noch einmal liebevoll den Hals und streichle Wally, der die ganze Zeit zugeguckt hat, natürlich mit gespitzten Ohren, damit ihm bloß nichts entgeht, die leicht rosa Nase und verlasse dann beschwingt den Stall.

Draußen herrscht tatsächlich schon reger Betrieb. Überall wuseln Menschen herum und sind damit beschäftigt, ihre Pferde turnierchic zu machen, oder reiten

sie bereits ab. Hier und da sieht man Erwachsene, die den ersten Kaffee des Tages aus braunen Pappbechern trinken, sich dabei mit anderen unterhalten oder in ihre Käsebrötchen beißen.

Es ist eine ganz besondere Stimmung, die über dem Hof der Schulze-Naumanns liegt – erwartungsvoll, freudig, gespannt.

Das Wetter spielt auch mit und langsam, aber sicher beginne ich, mich auf Bullis und meinen Turnierstart zu freuen.

Doch zuvor fängt um acht Uhr die erste Prüfung, eine Dressurreiter-Prüfung der Klasse A, an und ich bin für die Startertafel eingeplant.

Um Viertel vor neun kommt Lucas mit hochrotem Kopf auf mich zugestürmt. „Lina? Was machst du denn noch hier? Du musst dich umziehen und Bulli satteln. Zack, zack!"

„Deine Mama hat aber gemeint, ich soll die Startertafel machen", gebe ich kleinlaut zurück.

„Nichts da! Du siehst jetzt zu, dass du in deine Turnierklamotten kommst und in spätestens einer Viertelstunde mit Bulli auf dem Abreiteplatz erscheinst. Ich warte dort auf dich." Damit schnappt er sich eine von den Reitferienmädchen, drückt ihr meinen Edding in die Hand, mit dem ich die Wertnoten der jeweiligen Starter hinter den Kopfnummern auf die Liste geschrieben habe, und sagt zu ihr: „Amelie, du hast doch gerade nichts zu tun. Sei mal bitte so nett und löse Lina an der Startertafel ab."

Diese Amelie kichert verlegen und haucht: „Ja, gerne doch, Lucas. Total gerne mache ich das für dich." Dabei starrt sie Lucas mit solchen Herzchenaugen an, dass ich mich nur wundern kann. Doch jetzt kapiere ich endlich, was die bösen Blicke und das Gezicke der Pinke-Zwillinge sollen: Die sind eifersüchtig! Aber nicht wegen Bulli, sondern wegen Lucas. Ich kann es echt nicht fassen. Die Mädels hier sind wohl alle ein kleines bisschen in Lucas, den Junior des Reiterhofes, verschossen und weil ich so viel Zeit mit ihm verbringe, sind die auf mich eifersüchtig.

Wie verrückt und albern ist das denn bitte schön?!

Lucas und ich, wir sind nichts als gute Freunde – okay, ziemlich gute Freunde.

Kleine und grosse Katastrophen

„Die Startnummern 117 und 120 bitte bereithalten! Ihr könnt gleich aufs Vorbereitungsviereck."

Bereithalten! Vorbereitungsviereck! Wühaha, das ist wirklich Musik in meinen Ohren! Endlich bin ich wieder ein Turnierpony! Ich trabe mit Lina auf den kleinen Platz, der direkt an das Prüfungsviereck grenzt. Von dem anderen Paar, mit dem wir nun gleich im Dressurreiterwettbewerb starten werden, ist noch nichts zu sehen, aber das passt mir ganz gut in den Kram, dann habe ich das Vorbereitungsviereck eben für mich allein. Eigentlich dient dieser Vorplatz auch dazu, den Ponys und Pferden die Umgebung zu zeigen, damit sie in der Prüfung nicht so nervös sind und vielleicht scheuen – in unserem speziellen Fall ist es allerdings eher meine Reiterin, die sehr nervös ist und beruhigt werden muss.

Ich beschließe, dass dies am besten gelingt, wenn ich ein paar schöne Runden mit Lina trabe und ihr zeige, dass ich überall gaaanz brav langgehe und sie sich überhaupt keine Sorgen machen muss. Letzteres schon deshalb nicht, weil ich mir vorgenommen habe, die schrecklichen Pinke-Zwillinge ganz genau im Auge zu behalten. Die haben sich doch bestimmt irgendeine Gemeinheit ausgedacht! Aber da müssen sie früher aufstehen – ich, Lord Royal Bullheimer, werde denen garantiert nicht noch einmal auf den Leim gehen, wühaha!

Tatsächlich hat sich eines der beiden Mädchen unter die Zuschauer am Rande des Vierecks gemischt. Nele-Sophie. Ihren eigenen Einsatz bei dieser Prüfung hatte sie bereits und hat deswegen nun ausreichend Zeit und Muße, um wieder Ärger zu machen. Momentan liegt sie sogar auf Platz 1 in Führung, das habe ich eben auf der Tafel mit den Startnummern gesehen, wo auch die Wertnoten für jedes Paar notiert werden. Aber nach unserer Runde wird das natürlich Geschichte sein, denn Lina und ich werden hier als Sieger vom Platz gehen. Das weiß die Zimtzicke mit Sicherheit auch ganz genau – und entsprechend missmutig beobachtet sie jeden Schritt von mir.

Nun kommt auch das zweite Paar angetrabt, das mit uns starten wird: Es ist der andere Zwilling mit Princess Feodora!

„Oh nein", höre ich Lina murmeln, „ausgerechnet die beiden! Da kann ich doch gleich wieder absteigen! Wenn man mich im direkten Vergleich zu so einem Profi sieht ..."

Pah! Das ist doch Unsinn, Lina! Die putzen wir locker weg, du wirst schon sehen! Ich schnaube aufmunternd und spitze meine Öhrchen. Volle Alarmbereitschaft, Angriff, Attacke!

„Wir begrüßen nun auf dem Viereck die Startnummer 117, Lina Clasen mit Lord Royal

Bullheimer, und die Nummer 120, Jette-Marie Pinke mit Princess Feodora. An die Tete geht die Nummer 117."

Wühaha – das geht ja ganz hervorragend los! Wenn schon Abteilungsreiten, dann bitte vorn. Ich schenke Feodora ein gehässiges Schnauben und setze mich direkt vor ihre Nase.

„Auf der linken Hand im Mittelschritt Abteilung bilden!", hören wir die Kommandogeberin durch den Lautsprecher.

„Anfang hier!", ruft Lina und ich kann die bösen Blicke von Jette-Marie förmlich auf meinem Hinterteil spüren. Kratzt mich allerdings gar nicht, motiviert mich eher.

„Anfang rechts dreht, links marschiert auf, marsch!", kommt das Kommando und schon biege ich auf die Mittellinie ab und trabe auf die Richter zu.

„Anfang, halt!"

Ich stehe wie ein Reiterstandbild. Neben mir kommt auch Princess zum Stehen und linst zu mir hinüber. Ich strafe sie mit Nichtachtung. Das hier ist ein Wettkampf, da suche ich keine Freunde!

Bei den nachfolgenden Lektionen zeige ich mich von meiner Schokoladenseite, allerdings macht mir Lina das

auch sehr leicht. Sie sitzt wirklich toll, hat eine ruhige, weiche Hand und ein gutes Auge für die richtigen Hufschlagfiguren. Ich bin mir ziemlich sicher, dass wir hier ganz deutlich in Führung gehen werden, die goldene Schleife wird man uns nicht mehr nehmen können.

Die letzte Runde im Galopp – gleich wird nur noch eine halbe Runde getrabt und dann aufmarschiert, bisher haben wir keinen einzigen Fehler gemacht. Nele-Sophie steht am Rand und zieht ein Gesicht wie sieben Tage Regenwetter, sie weiß, was die Stunde geschlagen hat. Von Karlchen Kotelett ist weit und breit nichts zu sehen, den kann sie mir also nicht noch einmal zwischen die Hufe jagen. Die Sache ist also klar wie Schweifspray: Wir sind auf der Gewinnerspur.

Ich habe gerade zum Trab durchpariert und steuere auf die letzte Ecke zu, da höre ich hinter mir ein sehr wildes Schnauben. Offenbar ist Princess immer noch im Galopp. Hat diese blöde Jette-Marie denn das Kommando zum Trab nicht mitbekommen und ihr Pony durchpariert? Ich mache etwas größere Tritte, für meinen Geschmack kommt mir die andere Ponynase nämlich zu nah. Und dann geschieht das Unglaubliche: Jette-Marie

stößt einen spitzen Schrei aus und nur eine Sekunde später donnert Princess Feodora mit Karacho auf mein Hinterteil. Und zwar mit einer solchen Wucht, dass es mich regelrecht aus dem Viereck trägt!

Oh nein! Das darf doch nicht wahr sein! Ich stehe tatsächlich mit allen vier Hufen außerhalb des Dressurvierecks! Was das bedeutet, weiß ich leider ganz genau und in diesem Moment ertönt auch schon ein Klingeln.

„Die Nummer 117 muss wegen Verlassens des Vierecks leider disqualifiziert werden", kommt es dann aus dem Lautsprecher.

Aus! Vorbei! Disqualifiziert! Ich kann es nicht fassen! Mit gesenktem Kopf will ich aus dem Viereck trotten, wenn ich heulen könnte, würde ich die Reitbahn hier und jetzt in ein regelrechtes Schwimmbad verwandeln. Lina sagt kein Wort, aber an ihrem flachen Atem kann ich erkennen, dass auch sie mit den Tränen kämpft.

Wir sind schon fast am Ausritt, da ruft uns einer der beiden Richter zurück.

„Lina, kommst du mal bitte an unseren Richtertisch!"

Nö. Nä. Will nicht. WILLICHNICHT!!! Ich strebe weiter zum Ausritt. Doch Lina nimmt die Zügel auf, atmet tief durch und reitet mit mir auf die Richter zu.

„Lina", beginnt der jüngere der beiden Männer und guckt sehr ernst. Gibt es jetzt etwa eine Standpauke für das vermeintlich ungehorsame Pony? Am liebsten würde ich denen auf den Tisch springen, so sauer werde ich gerade! „Lina", wiederholt er noch einmal, „wir möchten dir gern sagen, dass das wirklich eine sehr schöne Runde war. Aus unserer Sicht die beste im heutigen Turnier. Aber leider lassen uns die Vorschriften keine Wahl: Wenn sich dein Pony erschrickt und deswegen aus dem Viereck springt, müssen wir dich leider disqualifizieren."

Wühaha! Was für eine rasende Unverschämtheit! Ich habe mich nicht erschrocken! Die blöde Princess Feodora hat mich aus dem Viereck geschubst! Das müssen die beiden Herren doch gesehen haben – so eine bodenlose Unverschämtheit, Lina und mich deshalb von der Prüfung auszuschließen! Lina, nun sag doch mal was gegen diese ungeheuerliche Entscheidung!

Aber Lina sagt nichts. Stattdessen meldet sich nun der ältere der beiden Richter zu Wort: „Weißt du, woran ihr beiden mich erinnert? An die Zeit, als Pia Schulze-Naumann noch mit diesem Pony gestartet ist. Davon hast du sicherlich schon mal gehört. Die beiden waren ein Paar wie aus einem Guss. Und ganz ehrlich: So saht ihr beide heute auch aus. Ich bin mir sicher, ihr habt eine große Zukunft vor euch!"

Dann wendet er sich an Jette-Marie.

„Jette, dein Pony war heute ziemlich ungehorsam. Du erhältst für deinen Ritt die Wertnote von 4,5. Und bitte daran denken: immer eine Pferdelänge Abstand halten!"

Dann nickt er den Mädchen kurz zu und ich meine, bei dem älteren Herrn ein Grinsen zu erkennen.

Bämmm! Wühaha! 4,5! Das ist wirklich richtig

schlecht! Und es geschieht der falschen Schlange ganz recht! Die sitzt übrigens gerade wie versteinert auf ihrem Pony und scheint gar nicht zu begreifen, was gerade passiert ist. Lina hingegen fällt mir um den Hals, lobt mich und flüstert in mein Ohr:

„Liebster Bulli, hast du das gehört? Das ist mir viel wichtiger als alle guten Wertnoten dieser Welt: Er sagt, wir haben eine große Zukunft vor uns!"

Ich nicke. Klar, ich meine, das wusste ich schon lange. Aber immer wieder schön, wenn das andere Leute auch so sehen.

Beim Hinausreiten drängt sich Feodora an meine Seite. Anders als Jette, die Lina und mich keines Blickes würdigt, scheint sie mir etwas erzählen zu wollen.

„Bulli, das tut mir echt leid, wie das gerade gelaufen ist. Aber du musst mir glauben, es war nicht meine

Schuld! Das blöde Gör hat mir auf einmal so die Sporen in die Seite gehauen – ich konnte gar nicht anders, als einen Satz nach vorn zu machen! Ich weiß auch nicht, was das sollte ... und ich muss dir sowieso noch ganz dringend eine andere Sache erzählen, die auch total seltsam ist. Stell dir vor, ich habe eben beobachtet, wie Jette-Marie und Nele-Sophie ..."

Aber noch bevor Feodora mir erzählen kann, was genau sie gesehen hat, kommt Lucas auf uns zugestürzt. Der hat unsere Vorstellung ebenfalls vom Rand aus gesehen. Wobei er seltsamerweise kurz vor dem Ende verschwunden ist. Ob er uns nicht gut fand? Jedenfalls sieht er gerade alles andere als erbaut aus. Komisch. Sehr komisch!

„Lina, bitte komm gleich mit mir, wenn du Bulli versorgt hast. Ich muss ganz dringend mit dir sprechen!"

Falsche Verdächtigungen und richtige Gemeinheiten

Ich bin am Boden zerstört. Mama auch.

„Lina, ich frage nur ein einziges Mal, nicht weil ich dich verdächtige, bestimmt nicht, aber dennoch: Hast du was mit dem Verschwinden von Oma Gertruds Geldkassette aus dem Verkaufsstand zu tun?"

Ich schnappe nach Luft. „Was? Nein! Natürlich nicht!"

Mama nickt. „Das habe ich mir gedacht."

„Und warum fragst du mich dann? Lucas hat mich auch ganz komisch angeguckt. Aber weißt du, Mama, wer mir so was Gemeines auch nur eine Minisekunde zutraut, auf den kann ich echt gut verzichten." Ich schlucke mühsam und kämpfe gegen die aufsteigenden Tränen an. Es ist so schrecklich! Ein ganz, ganz schreckliches Gefühl. Ich werde tatsächlich verdächtigt, Oma Gertruds Geldkassette geklaut zu haben. Aber das Schlimmste ist, dass ich nicht die geringste Ahnung habe, wie mein Zeichenstift ausgerechnet direkt vor Oma Gertruds Straßenverkaufsstand gelandet ist. Ich habe ihn seit Tagen nicht mehr benutzt und dachte, er liegt im Atelier bei meinen anderen Zeichen- und Malutensilien.

Aber wie Lucas ihn mir gerade unter die Nase gehalten und den eingravierten Namen vorgelesen hat – das war schrecklich. „Lina Clasen. Das … das ist dein Stift, Lina. Ich habe ihn am Verkaufsstand gefunden. Wie kommt der denn dahin?"

Und dann hat er mich angeguckt – diesen Blick werde ich nie vergessen.

Niemals!

„Nicht weinen, Schatz", sagt Mama und streichelt mir sanft über den Rücken. Zum Glück sind wir inzwischen wieder zu Hause, sodass nur Mama meine Tränen sieht. „Das Ganze wird sich schon aufklären und ich weiß genau, dass die Schulze-Naumanns dir das genauso wenig zutrauen wie ich."

„Da bin ich mir bei Lucas aber nicht so sicher", schluchze ich. Ich schaffe es einfach nicht, meine Tränen länger zurückzuhalten. Es geht nicht. Sie wollen raus. Sie müssen raus. Ich bin so traurig und enttäuscht und so wahnsinnig wütend.

Es klopft an der Haustür.

„Das ist bestimmt die Polizei, die mich verhaften will", murmle ich geknickt.

Mama schüttelt den Kopf. „So ein Unsinn, Lina!"

Keine drei Sekunden später steht Lucas vor mir. Er hat rote Flecken im Gesicht und am Hals und ist so verlegen, dass seine Stimme ganz rau klingt. „Lina, du hast da wohl gerade was falsch verstanden. Ich verdächtige dich nicht. Keiner tut das. Echt nicht."

„Aha. Und warum hast du mir dann eben den Zeichenstift so anklagend entgegengestreckt, hä?"

Verdammt, jetzt rollen mir schon wieder dicke Tränen über die Wangen. Vor Lucas will ich bestimmt nicht heulen. Schnell wische ich mir mit dem Ärmel übers Gesicht.

„Lina, es ist wirklich nicht so ... " Lucas stockt mitten im Satz, weil Bulli plötzlich an der Küchentür steht und durch die Glasscheibe zu uns hereinguckt.

„Wie kommt der denn hierher?", staunt Lucas, winkt aber gleich darauf ab und meint: „Na ja, was für 'ne Frage, wenn Bulli seine Box verlassen will, dann gelingt ihm das auch."

Ich springe vom Tisch auf und flitze zur Tür.

„Bulli? Was machst du denn hier? Ist was passiert?"

Bulli wiehert leise und scharrt dabei mit dem Vorderhuf, als wollte er mir was sagen.

„Ich verstehe dich doch nicht, Bulli. Ich verstehe es wirklich nicht, was du mir sagen willst", erkläre ich hilflos.

Da packt Bulli mich mit seinen Zähnen ganz vorsichtig am Ärmel und zieht mich mit sich.

„Er will dir etwas zeigen, Lina", meint Lucas und staunt mit Mama um die Wette.

„Das gibt es ja gar nicht", krächzt Mama.

Ich lasse mich von Bulli mitziehen. An seinem Stall vorbei, wo Wally uns aufgeregt zuwiehert, hinüber zum Reitplatz, um die Halle herum, dann geht es direkt auf den Stoppelacker, der den Besuchern des Hofturniers als Anhängerplatz zur Verfügung steht.

„Was sollen wir denn hier, Bulli?", frage ich ihn und schaue mich ratlos um.

Doch Bulli schnaubt nur und tritt dabei heftig mit dem rechten Vorderhuf auf. Ich wende mich an Lucas, der mit Bulli und mir mitgekommen ist.

Lucas zuckt ratlos mit den Schultern. „Ich hab keinen Plan, was er damit beabsichtigt."

Schon zieht Bulli mich weiter. Bis wir schließlich bei einem grünen Geländewagen angekommen sind, der einen ebenso grünen Doppelpferdeanhänger angekuppelt hat. Pferde sind nicht auf dem Anhänger und auch im oder in der Nähe des Autos ist weit und breit niemand zu sehen.

„Was soll das?", frage ich Bulli noch einmal.

Er wiehert, dann tritt er, ich traue meinen Augen nicht, gegen die Klappe des Anhängers.

„Er will dir etwas zeigen", meint Lucas. „Irgendwas ist da auf dem Anhänger, was er dir unbedingt zeigen will."

Ich gucke Lucas an und sage: „Und nun? Ich kann doch nicht einfach einen wildfremden Pferdeanhänger aufmachen, nur, weil Bulli das möchte. Warum auch? Was soll es auf dem Anhänger schon so Wichtiges zu sehen geben?"

Lucas geht zur Klappe, öffnet die Riegel und sagt: „Tja, das werden wir wohl gleich sehen." Dann lässt er die Klappe herunter.

Mir ist wirklich nicht wohl bei der Sache, aber Bulli scharrt jetzt richtig aufgeregt mit dem Vorderhuf und als weder Lucas noch ich Anstalten machen, den Anhänger zu betreten, da schiebt er mich mit seinem dickschädeligen Ponykopf hinauf.

„Bulli, hey, lass das. Wenn die Besitzer kommen, dann ..."

Da liegt sie. In der Futterkrippe des Anhängers. Oma Gertruds Geldkassette.

Mir stockt der Atem. „Lucas", krächze ich. „Hier ... hier ist die Kassette. Das Geld deiner Oma, es liegt tatsächlich hier in der Futterkrippe."

„Was?" Mit drei Schritten ist Lucas neben mir und starrt fassungslos auf die Kassette. „Das gibt es ja gar nicht. Wie kommt die denn hierher?"

Ich schüttele den Kopf. „Keine Ahnung."

„Na ja, was für 'ne dusselige Frage", beantwortet Lucas sie sich selbst. „Der Besitzer des Anhängers hat sie geklaut und hier versteckt. Wahrscheinlich hat Bulli ihn dabei beobachtet ..."

„... und uns hierhergeführt", beende ich den Satz für Lucas.

„Kann ein Pony das?", hauche ich. „Ist ein Pony wirklich in der Lage, so etwas zu tun ... und zu begreifen?" Ich weiß es echt nicht.

Doch Lucas ist sich sicher. „Hallo, Lina, wir reden von Bulli und der ist alles andere als ein normales Pony."

Okay, wo er recht hat, da hat er eindeutig recht.

Eine knappe Viertelstunde später hat Herr Schulze-Naumann den Besitzer des Gespanns ausgemacht und hält ihm mit ziemlich ärgerlicher Miene die gestohlene Geldkassette unter die Nase.

Doch anstatt reumütig zu gestehen und sich schrecklich zu schämen, behauptet der Mann, der mit seiner siebenjährigen Tochter Ella und dem Schimmelpony Moritz heute am Führzügelwettbewerb teilgenommen hat: „Ich schwöre es Ihnen, ich sehe die Geldkassette jetzt gerade das erste Mal. Weder meine Tochter Ella noch ich haben sie hier auf unserem Anhänger versteckt. Darauf gebe ich Ihnen mein Ehrenwort, Herr Schulze-Naumann."

Er klingt so aufrichtig und überhaupt macht er einen so ehrlichen Eindruck, dass wohl auch Herr Schulze-Naumann Zweifel bekommt.

„Verstehen Sie mich nicht falsch, nichts liegt mir ferner, als Ihnen etwas anzuhängen, was Sie nicht getan haben. Um Himmels willen, wirklich nicht. Aber irgendwie muss die Kassette ja hier auf Ihren Anhänger gekommen sein?!"

Der Mann hebt ratlos die Schultern. Dann schaut er

seine Tochter an, die – sehr auffällig – plötzlich dunkelrot anläuft.

„Ella? Sag mal, warum bist du plötzlich so still? Jetzt sag nicht, dass du etwas mit der Kassette zu tun hast?"

Ella windet sich unbehaglich und schafft es kaum noch, einen von uns anzugucken.

„Ella!", ranzt ihr Vater sie an. „Jetzt sag gefälligst, was hier los ist!"

„Ich ... ich", fängt Ella stockend an zu reden. „Ich wusste ja nicht, was mit der Kassette ist." Ihre Stimme klingt ganz fipsig und unsicher.

„Was?" Ellas Papa bekommt Schnappatmung. „Du hast tatsächlich die Geldkassette geklaut und hier auf unserem Anhänger versteckt? Ella, sag mal, spinnst du denn?!"

Ella bricht verzweifelt in Tränen aus. Und während ihr Papa ordentlich mit ihr schimpft, zucken ihre schmalen Schultern vom Weinen. Ich bin zwar heilfroh, dass nun klar ist, dass ich nichts mit dem Diebstahl der Geldkassette zu tun habe, aber die Kleine tut mir irgendwie leid.

Außerdem frage ich mich noch immer, wie um alles in

der Welt mein Zeichenstift unter den Verkaufsstand von Oma Gertrud gekommen ist?!

Bulli stupst mich schon wieder an und schüttelt dann den Kopf. „Was ist denn, Bulli?", flüstere ich und traue meinen Augen nicht. Bulli schüttelt tatsächlich den Kopf. Jawoll! Ich leide weder unter Halluzinationen noch träume ich und Bullis Kopfschütteln hat auch nichts mit Fliegenverscheuchen zu tun, er will mir damit etwas sagen.

„Du, Lucas", raune ich ihm zu. „Irgendetwas stimmt nicht."

Er guckt mich mit großen Augen an. „Wie meinst du das?"

Ich umfasse seinen Unterarm und zieh ihn ein Stückchen von den anderen fort. Bulli folgt uns wie ein Hund. „Bulli schüttelt den Kopf. Er will mir damit garantiert schon wieder was sagen."

Lucas hebt ratlos die Schultern. „Aber der Fall ist doch geklärt. Die kleine Ella hat die Kassette meiner Oma genommen – warum auch immer."

Bulli wiehert und stampft dabei mit dem rechten Vorderhuf auf. Nun bekommt auch Lucas Zweifel.

„Okay, das war ziemlich eindeutig."

Er dreht sich um und marschiert zu den anderen zurück. Bulli und ich folgen ihm.

Direkt vor der noch immer herzerweichend schluchzenden Ella bleibt er stehen. „Ella, kannst du mich mal ansehen?", bittet Lucas sie.

Herr Schulze-Naumann meint: „Lucas, nun misch dich da mal bitte nicht ein."

Doch Lucas hört nicht auf den Einwand seines Vaters.

„Du, Ella, jetzt sag mal, wie hast du die Kassette aus dem Straßenverkaufsstand meiner Oma überhaupt herausbekommen? Sie war doch mit einem langen Kettenschloss befestigt."

Ella schluckt und schluchzt und sieht ganz elendig aus. „Ich darf es nicht sagen", wispert sie.

„Was?", möchte nun aber ihr Papa wissen. „Was darfst du nicht sagen, Ella?"

Ella ringt schwer mit sich, man sieht es ihr regelrecht an.

„Ella! Raus jetzt mit der Sprache!"

„Dann bekomme ich aber Ärger", jammert die Kleine.

„Ärger? Mit wem?", fragen Herr Schulze-Naumann

und Ellas Papa fast gleichzeitig.

Ellas Papa geht halb in die Hocke und legt seiner Tochter tröstend die Hand auf die bebende Schulter. „Ella, bitte, du musst uns jetzt wirklich die Wahrheit sagen."

„Die Mädchen haben gesagt, es ist nur ein Spiel. Man muss die Kassette irgendwo verstecken und dann sind die anderen mit Suchen dran", wispert die kleine Ella. „Und wer das beste Versteck hat, der bekommt eine von den goldenen Schleifen."

Herr Schulze-Naumann und Ellas Papa tauschen vielsagende Blicke miteinander aus, bevor Herr Schulze-Naumann Ella fragt: „Welche Mädchen haben dir das mit dem Versteckspiel gesagt, Ella, weißt du, wie sie heißen?"

Die Kleine nickt. „Aber ich darf sie nicht verraten ..."

„Mir schon, Ella", meint Lucas. „Ich mache nämlich

auch bei dem Spiel mit." Er zwinkert ihr verschwörerisch zu. „Du kannst mir die Namen ja auch ins Ohr flüstern. Weißt du, flüstern ist nämlich erlaubt."

Ella überlegt einen Moment, doch dann nickt sie. Lucas beugt sich zu ihr hinunter und hält ihr sein linkes Ohr hin. Seine Augen weiten sich, sein Mund wird hingegen zu einem bleistiftdünnen Strich, während Ella ihm die Namen ins Ohr flüstert.

Sprudellimo und Äpfel

„Da haben die beiden aber mächtig Ärger bekommen!" Wally wackelt mit den Ohren und sieht sehr beeindruckt aus. Ich kann's verstehen. Es kommt nicht alle Tage vor, dass Herr Schulze-Naumann so richtig, richtig böse wird, denn eigentlich ist er ein sehr umgänglicher Mensch. Im Fall von Jette-Marie und Nele-Sophie hat er allerdings gerade eine Ausnahme gemacht: Seine kleine ... nun ja, Gardinenpredigt an die beiden jungen Damen war jedenfalls noch bei uns auf dem Paddock ganz gut zu verstehen.

„Es ist aber auch ein Unding: Klauen die beiden Oma Gertruds Geldkassette, nur damit Lina Ärger bekommt!"

Wally wackelt jetzt nicht nur mit den Ohren, sondern gleich mit dem ganzen Kopf. „Und sind dann noch so raffiniert, die kleine Ella mit hineinzuziehen!"

„Nicht raffiniert genug für Lord Royal Bullheimer natürlich", entgegne ich gelassen. „Da müssen die beiden früher aufstehen. Viel früher!"

Kaum hatte mir Princess Feodora nämlich erzählt, dass sie morgens von ihrer Box aus beobachtet hatte, wie sich die Zwillinge heimlich ins Haupthaus und zum Straßenstand geschlichen und dann kurz darauf der kleinen Ella die Geldkassette in die Hand gedrückt hatten, war mir alles klar! Meiner armen Lina war eine Falle gestellt worden!

„Aber wie hast du denn die Geldkassette gefunden? Ich meine, woher wusstest du, dass sie auf dem Pferdeanhänger von Ella war? Die hätte doch auch woanders versteckt sein können und dann hättet ihr sie doch niemals so schnell gefunden", wundert sich Wally.

„Das war für ein Pony wie mich überhaupt kein Problem", erkläre ich ihm und klinge dabei enorm wichtig. „Ich habe einfach …"

„Nun mach hier mal nicht auf dicke Hose, du Angeber!", werde ich da mitten im Satz unterbrochen und Feodora kommt vom Nachbarpaddock auf uns zugetrabt. „Ohne meine Hilfe hättest du heute auch dumm aus der Wäsche geguckt. Und ich habe vor allem geholfen, weil ich wusste, dass Wally sich darüber freuen würde, weil er doch diese Lina auch so mag." Bei den letzten Worten wirft sie Wally einen Blick zu, der mit Sicherheit ganze Eisberge zum Schmelzen bringen könnte. Wühaha! Da wird selbst mir warm! Wally hingegen prustet scheu und guckt verlegen zu Boden.

„Okay, okay, vielleicht habe ich ein wenig übertrieben. Ohne deine Hilfe hätte ich das tatsächlich nicht hinbekommen. Aber das hätte ich Wally schon noch erzählt, Ehrensache!"

„Gut", wiehert Feodora zufrieden. „Ich wollte nur sichergehen, dass Wally das auch weiß. Wie du dann El-

las Versteck ausfindig gemacht hast, finde ich allerdings ziemlich beeindruckend."

„Oh, wie nett", bedanke ich mich artig für dieses Kompliment. „So schwierig war's aber gar nicht. Als Lina mit Lucas weg ist, haben mich ein paar Ferienkinder auf dem Abreiteplatz trocken geführt, was ich ausnahmsweise zugelassen habe, denn so konnte ich astrein nach dieser Ella und ihrem Pony Ausschau halten. Ich habe das Pony gefragt, ob ihm etwas aufgefallen ist. Tja, das hatte dann den Tipp mit dem Hänger. Hat mir auch genau erklärt, wie der aussieht und wo der steht. Der Rest war dann wirklich ein Kinderspiel!"

Wally schnaubt.

„Nein, mein Freund: Ehre, wem Ehre gebührt! Du bist schon ein besonders schlaues Pony."

„Stimmt!", pflichtet Feodora ihm bei.

Heiliger Hafersack! Wenn ich nicht so ein schwarzes Fell hätte, würde ich vermutlich erröten. Auf alle Fälle freue ich mich über so viel Lob von meinen Freunden.

Apropos Freunde: In diesem Moment kommen Lucas und Lina auf unser Paddock zugeschlendert. Und wenn mich meine Augen nicht täuschen, haben sie ein ganzes Bündel Mohrrüben dabei! Lecker!

„So, Bulli, mein alter Kumpel", begrüßt mich Lucas. „Hier kommen wir mit deinem Finderlohn! Lass es dir schmecken!"

Lina langt über den Zaun und klopft meinen Hals.

„Du hast mich heute echt gerettet! Vielen Dank, mein liebstes Superpony!"

Nun werde ich unter meinem Fell bestimmt tatsächlich rot!

In diesem Moment bekommen wir noch mehr Be-

such. Allerdings nicht so erfreulichen wie den von Lina und Lucas: Die Zwillinge kommen auf uns zugestapft. Auweia! Nun gibt es bestimmt noch mal richtig Ärger. Wahrscheinlich wollen die mich beschimpfen, immerhin habe ich sie in die Pfanne gehauen!

Auch Lucas und Lina sind über ihr Auftauchen alles andere als begeistert.

„Was wollt ihr hier?", empfängt Lucas sie dann auch ziemlich frostig. Ich würde mir am liebsten die Ohren zuklappen, auf den zu erwartenden Streit bin ich überhaupt nicht scharf!

„Ähem", beginnt Jette-Marie und klingt dabei überraschend unsicher, „ja, äh, also ... wir wollten uns entschuldigen."

Schweigen. Lucas und Lina gucken nur, sagen aber kein Wort dazu.

„Also ... das, äh ...", stottert nun Nele-Sophie weiter, „das meinen wir ganz ernst. Es tut uns furchtbar leid, was wir da angerichtet haben."

Ihre Zwillingsschwester nickt.

„Das war eine total mistige Aktion. Superfail, echt!"

„Bitte verzeiht uns!"

Nun fließen sogar Tränen bei den beiden. Nanu, die Superzicken auf einmal so kleinlaut? Donnerknispel!

Lina räuspert sich.

„Die Aktion war wirklich voll daneben. Was habe ich euch eigentlich getan?"

Jetzt sind es die Zwillinge, die erst mal schweigen, bis dann Nele-Sophie Luft holt und erklärt:

„Ich ... äh ... wir ... wir waren einfach total eifersüchtig auf dich."

Lina lacht.

„Auf mich?"

„Ja. Auf dich. Weil du dich so gut mit Lucas verstehst. Bisher war das in den Ferien doch immer unser bester Freund. Und auf einmal hängt der nur noch mit dir rum", sagt Jette-Marie und Nele-Sophie nickt und schielt zu Lucas rüber.

„Erst haben wir uns noch damit getröstet, dass du dafür nicht reiten kannst und Lucas bestimmt bald keine Lust mehr hat, so eine Anfängerin wie dich zu betreuen, und lieber wieder mit uns zusammen reitet."

„Aber dann", ergänzt ihre Schwester, „haben wir gemerkt, dass du ein totales Talent bist und es mit Bulli immer besser klappt. Tja und da …"

„… sind bei uns irgendwie alle Sicherungen durchgebrannt. Wir wollten unbedingt, dass Lucas irgendwie sauer auf dich ist. So sind wir auf diese total bescheuerte Idee gekommen, die Kassette zu klauen und einen Stift von dir da liegen zu lassen. War ja ganz einfach – dein Atelier ist nie abgeschlossen und wo Oma Gertrud ihre Schlüssel aufbewahrt, weiß auch jeder, der schon öfters hier Ferien gemacht hat."

„Außerdem haben wir neulich mitbekommen, dass deine Mutter ihren Job verloren hat. Ich bin gerade bei euch vorbeigegangen, als sie es dir erzählt hat. Das Fenster stand offen und … ich habe gelauscht", gibt Jette zu. „Da dachten wir, dass alle glauben würden, dass du geklaut hast, weil ihr pleite seid."

Sie holt tief Luft.

„Es tut uns wirklich sehr leid. Von ganzem Herzen. Ist auch völlig okay, wenn du jetzt nie wieder mit uns redest. Das verstehen wir."

Beide Mädchen gucken sehr schuldbewusst, wischen sich die Tränen von den Wangen und wenden sich dann zum Gehen. Weit kommen sie allerdings nicht. Nach ungefähr drei Metern ruft ihnen Lina hinterher.

„Hey, wo wollt ihr denn hin?"

Erstaunt drehen sich die beiden Mädchen um.

„Du redest doch noch mit uns?"

„Klar. Ich meine, was wäre ein Ponyhof ohne echte Ponyzicken wie euch? Da würde doch richtig was fehlen. Wäre fast langweilig."

Die Mädchen stutzen und starren Lina an. Und dann – dann beginnen sie zu lachen. Erst etwas leiser, dann immer lauter. Lucas und Lina fangen auch an zu kichern und schließlich stehen die vier vor dem Paddock und lachen so laut, dass Karlchen Kotelett bellend angelaufen kommt. Als sich alle wieder beruhigt haben, wird Lina etwas ernster.

„Okay, Spaß beiseite. Die ganze Geschichte ist echt nicht in Ordnung, aber ich nehme eure Entschuldigung an. Unter einer Bedingung."

„Und die wäre?", erkundigt sich Nele-Sophie.

„Ihr müsst euch auch bei der kleinen Ella entschuldigen. Die war vorhin völlig aufgelöst."

Die Zwillinge nicken.

„Klar, machen wir. Noch was?"

Lina schüttelt den Kopf.

„Nein, ich bin ja nicht nachtragend."

Wühaha! Moment! Ich aber schon! Ich schnaube empört.

„Okay, eine Bedingung

gibt es da offenbar schon noch", grinst Lucas und deutet auf mich. „Beim nächsten Turnier reitet ihr den armen Bulli nicht mehr über den Haufen!"

„Akzeptiert!", kommt es wie im Chor. „Und wir legen noch einen Sack Äpfel als Entschädigung für ihn mit drauf."

Na also. Geht doch! Sprudellimo ... äh, Verzeihung: Äpfel für mich und meine Freunde!

Ende gut, Turnier noch besser

„Ähm ... Lucas, täusche ich mich oder beginnt nicht gleich die L-Dressur? Du startest doch in der Prüfung mit Antara." Bei der ganzen Aufregung um die geklaute Geldkassette ist das Turnier für einen Moment völlig in den Hintergrund gerückt. Doch Lucas macht auf mich den Eindruck, als wäre ihm das ganz recht.

„Nö, lass mal gut sein", winkt er ab. „Ich starte nicht!"

Ich ziehe erstaunt die Augenbrauen hoch. „Warum nicht? Du hast dich doch ewig vorbereitet und Antara ist in Topform."

Bevor er mir jedoch antworten kann, kommt mir der Grund für seine Entscheidung in den Sinn. „Oh weh, wegen dem ganzen Stress mit Bulli und mir magst du jetzt nicht mehr reiten, nicht wahr?!"

Lucas zuckt mit den Schultern.

Ich hole tief Luft. Verdammt, das habe ich echt nicht gewollt. Lucas hat sich die ganze Zeit nur um Bulli und mich gekümmert und dabei seinen Ritt mit Antara völlig ... vergessen? Ist es so?

„Ich helfe dir schnell dabei, sie fertig zu machen, ja?!" Schon will ich in Richtung Hauptstall flitzen, aber Lucas ruft: „Nein! Ich werde nicht reiten!"

Ich lege eine Vollbremsung hin. „Aber warum denn nicht? Du hast doch noch genug Zeit."

Lucas kratzt sich umständlich am Hinterkopf. „Is doch egal ..."

Oha, was ist denn mit Lucas los? Er läuft rot an wie ein Feuermelder, wie Antara, wenn sie am Anbinder steht, während er mit der Spitze seines linken Reitstiefels auf dem Boden herumschabt.

„Nix ..."

Wer's glaubt, wird selig.

„Lucas ...?"

Schweigen.

„Lucas! Jetzt sag schon!"

Er holt tief Luft. „Ach, verdammt", stößt er schließlich ziemlich bitter hervor. „Du gibst ja sowieso keine Ruhe. Also ... ich komme ... na ja, es ist eben so ..."

„Lucas!" Ich lege ihm beruhigend meine Hand auf die Schulter. „Du kannst mir echt alles sagen. Ich meine, wir sind doch Freunde ..."

Er guckt mich an und ich erschrecke. Seine Augen sind gerötet.

„Weinst du?", wispere ich und weiß nicht recht, wie ich damit umgehen soll.

Aber zum Glück schüttelt er vehement den Kopf. „Blödsinn! Ich hab doch diese doofe Allergie."

Stimmt! Ich erinnere mich – und atme erleichtert auf.

„Dann ist es ja nicht so schlimm", finde ich. „Wollen wir dann jetzt endlich Antara fertig machen?"

Lucas zögert noch. Hat er Angst? Lampenfieber? Lucas, der super Reiter? Herzklopfen wegen der Reitprüfung?

UNSINN!

„Also ..." Er kann mich noch immer nicht ansehen. „Es ist eben so ... ich habe, ach, was soll's, ich habe Lampenfieber. Vor jeder Prüfung ist das so. Ganz schrecklich. Und wenn es dann auch noch zu Hause auf dem eigenen Hof ist, wo tausend Leute am Viereck stehen, die mich kennen und natürlich auch erwarten, dass ich als Sohn des Hofs einen perfekten Ritt hinlege, dann ... dann ..." Er bringt seinen Satz nicht zu Ende. Stattdessen rauft er sich die Haare.

Wow, Lucas hat tatsächlich Muffensausen. Ich bin völlig baff! Aber um mich geht es jetzt nicht – ausnahmsweise.

„Komm", fordere ich ihn auf und lächele ihm aufmunternd zu. „Du schaffst das! Ganz bestimmt! Du wirst einen super Ritt hinlegen und tausendprozentig die Prüfung gewinnen."

Lucas macht große Augen. „Wie kannst du dir da so sicher sein?"

Ich knuffe ihn gegen den Oberarm. „Weil du es einfach draufhast, Lucas! Deshalb!"

Einen Moment lang schauen wir uns schweigend an. Dann fängt Lucas' Unterlippe leicht zu zucken an. Im

nächsten Moment grinst er. „Kann es sein, dass das mein Spruch ist?!"

Ich nicke. „Was dagegen?"

„Nö!", erwidert Lucas und hakt mich unter. Zusammen marschieren wir in Antaras Stall und kurz darauf schwingt Lucas sich in den Sattel.

Als er wenig später hoch konzentriert ins Viereck reitet, platze ich fast vor Stolz. Lucas ist wirklich mit Abstand der beste Reiter, den ich kenne. Und ich bin eine erstklassige Hellseherin, denn am Ende des Turniers baumelt an Antaras Trense die goldene Schleife.

Band 3

Leseprobe

Bauch-Weg-Training macht schlechte Laune

„Okay, der Verrückte ist also wieder da", seufze ich laut. „Schade."

„Wieso schade?", fragt Wally nach. Das alte Springpferd verbringt seinen Ruhestand in meiner Nachbarbox und ist leider nicht gerade die hellste Kerze auf der Torte. Es ist doch wohl mehr als offensichtlich, warum das schade ist!

„Wally – der Irre ist doch der mit den Steinen! Wenn er wieder da ist, werden in dem kleinen Häuschen Steine gekloppt und keine Bilder mehr gemalt. Das finde ich schade, weil ich Lina immer gern beim Malen zugeguckt habe."

„Aha." Mehr sagt Wally nicht. Ich wette, weil er immer noch nicht kapiert hat, was ich meine. Eben keine Ahnung von Kunst, der alte Schimmel!

„Anderes Thema", sage ich also, „die Sache mit den Welpen ist natürlich auch ziemlich schlimm."

„Welpen? Was für Welpen?"

„Echt jetzt, Wally! Hörst du eigentlich nie zu, wenn man dir was erzählt?"

„Hä? Wer hat mir was erzählt? Du? Über Welpen?"

Ich schnaube empört.

„Nein! Lina! Über die Welpen von dieser dicken Cleo!"

„Na, das hat sie dann aber garantiert nicht mir erzählt. Sondern dir", wiehert Wally fröhlich.

Gut, das finde ich jetzt sehr spitzfindig von Wally. Und überhaupt hat er sooo große Ohren, dass er mit Sicherheit alles hören könnte, was in einem Umkreis von einem Kilometer um ihn herum erzählt wird. Wie gesagt, könnte. Wenn er nur nicht so verpeilt wäre. Aber es hilft ja nichts. Wenn ich mich mit ihm über diese Neuigkeiten unterhalten will, muss ich ihm wohl oder übel noch einmal erzählen, was Lina mir gerade berichtet hat.

„Also, Öhrchen gespitzt, du alter Schinder! Ist dir nicht

auch schon aufgefallen, dass dieser Cleo-Köter unheimlich fett aussieht?"

Wally dreht die Ohren zur Seite und denkt angestrengt nach.

„Nee, eigentlich ist mir das nicht aufgefallen. Ich finde es sowieso nicht gut, wenn man immer alle so nach ihrem Äußeren beurteilt. Dicke können doch total nett sein. Ich meine, Bulli – du bist das beste Beispiel dafür. Du hast auch ein ziemliches Bäuchlein und bist trotzdem mein bester Freund."

BRRRRRR, wühaha!! Bitte was? Ich und ein Bäuchlein? Also, das ist doch wohl der Gipfel der Unverschämtheit!

„Wally!", schnaube ich meinen Kumpel an, „ich bin top durchtrainiert! Das, was du als Bäuchlein bezeichnest, ist in Wirklichkeit nichts als ein Berg Muskeln!"

Ich ernte ein fettes Pferdegrinsen.

„Ach, komm schon, wem willst du das denn weißmachen? Ein Berg Muskeln? Am Bauch?"

„Muskeln kann man überall haben! Ich bin immerhin ein Spitzensportler! Vor dir steht ein echter Derbysieger!"

„Ich weiß, du hast es mir schon oft genug erzählt.

Aber soweit ich mich erinnern kann, ist dieser Derbysieg schon ein paar Jahre her. Dein letzter Einsatz war doch eher beim Kinderreitwettbewerb auf dem Hofturnier, stimmt's? Nicht gerade etwas, wofür man Muskelberge braucht."

Zack! Das hat gesessen! Aber so was von! Denn wenn ich ehrlich bin, hat Wally ein bisschen recht. Tatsächlich bin ich nicht mehr so sportlich, wie ich es einmal war. Ein bisschen mehr Hochleistungstraining könnte meine Figur also vermutlich wirklich vertragen. Ich seufze und Wally stupst mich mit seiner weichen Pferdenase in die Flanke.

„Komm schon, Bulli. Ist doch nicht so schlimm! Es sind doch die inneren Werte, die zählen, oder?"

Ich schüttle den Kopf.

„Weiß nicht. Ich hatte früher wirklich eine Top-Figur. Dass ich jetzt so moppelig bin, ärgert mich selbst. Aber nun ist die Turniersaison schon fast vorbei und Lina reitet sowieso am liebsten gemütlich mit mir durchs Gelände. Das wird in nächster Zeit also nichts mit Hochleistungssport."

Wally nickt verständnisvoll, dann schweigen wir uns

an und ich verdrücke vor lauter Frust gleich mal den letzten Rest Heu, der noch in der Ecke meiner Box liegt.

„Ha!", wiehert Wally auf einmal so laut, dass ich zusammenschrecke.

„Was ist denn?"

„Ich hab's! Die Lösung deiner Probleme! Ich sag nur ein Wort: Hubertusjagd!"

 **Frauke Scheunemann**, geboren 1969 in Düsseldorf, ist promovierte Juristin. Sie absolvierte ein Volontariat beim NDR und arbeitete anschließend als Journalistin und Pressesprecherin. Seit 2002 ist sie freie Autorin. Ihre Romane um den Kater Winston waren monatelang auf den Bestsellerlisten. Frauke Scheunemann ist verheiratet und lebt mit ihrem Mann, ihren vier Kindern und dem kleinen Hund Elmo in Hamburg.

Antje Szillat begann bereits mit acht Jahren, Geschichten zu schreiben. Von diesem Zeitpunkt an war es ihr größter Wunsch, Schriftstellerin zu werden. Heute schreibt die gebürtige Hannoveranerin sehr erfolgreich Bücher für Kinder,  Jugendliche und Erwachsene. Antje Szillat ist verheiratet und hat vier Kinder. Zur Großfamilie gehören auch vier Pferde, zwei Hunde, jede Menge Teichfische und viele, viele Bücher. Sie lebt und arbeitet vor den Toren ihrer Lieblingsstadt Hannover.

 **Susanne Göhlich** wurde 1972 in Jena geboren. Schon während ihres Kunstgeschichtsstudiums in Leipzig gestaltete sie Plakate und illustrierte selbst erdachte Geschichten. Heute illustriert Susanne Göhlich Bücher für Kinder, entwirft Plakate und schreibt und illustriert auch viele eigene Bücher. Susanne Göhlich lebt mit ihrer Familie in Leipzig.

BULLI & LINA

Band 1

ISBN 978-3-7855-8452-1

BULLI & LINA

FREUT EUCH AUF WEITERE ABENTEUER!

FRÜHJAHR 2019